臨政 임정, 거절당한 정부

이해영 지음

臨政

임정, 거절당한 정부

글항아리

한국 근현대사에서 내 관심은 원래 다분히 '형이상학적'인 것이었다. 조선이 망한 '정신적' 이유가 어디 있는지 하는 그런 의문 말이다. 여기에는 일본은 '자력으로' 근대화에 성공했던 반면 조선은 무슨 이유로 한사코 그 경로를 거부한 채 자멸의 길로 접어들었나 하는 질문도 포함되어 있었다. 우리의 저 고질적인 정신적 의존성은 대체 어디서 왔으며, 혹 그것을 안다면 벗어날 방책이란 게 있기나 한지 궁금했다. 그래서 대학원 수업을 통해 주기적으로 이에 대한 답을 찾고자 시도해왔다.

　하지만 이 책의 경위와 질문은 자못 다르다. 주되게는 올해가 3.1운동과 임시정부 수립 100주년이라는 계기가 작용했다. 마침 공적 역할을 맡은 오랜 벗 서해성 작가의 권유가 있었다. 내 전공이 국제관계이다보니 관련 문헌들을 뒤지게 되었다. 그런데 모두가 언급하지만 의외로 허전했던 부분이 임정의 대외관계였다. 그중에서도 왜 임정이 전 세계 어느 나라로부터도 '승인'을 받지 못했을까 하는 의문에 눈길이 오래 머물렀고, 마침 안식년이었던 지난해의 마지막 몇 달은 이 문제에 천착할 기회였다. 모든 것을 잠시 접고 지리산 자락에 스며들어 원고를 이럭저럭 정리했다. 그래서 일차적으로 2018년 9월에 발표할 자리를 얻었고, 이름 높은 학계의 인사들로부터 논평을 듣는 행운도 누렸다. 그 뒤 이 원고를 덧대고 깁고 꿰매다보니 작은 책 한 권 분량이 된 것이다. 당연히 부족하고 빠진 부분이 없을 리 없건만, 일단은 상재하는 것으로 마음먹었다. 강호 제현의 시시비비와 질정을 바랄 뿐이다.

마지막으로 어려운 상황에서 출판을 감당해준 글항아리 출판사, 발표 기회를 제공해준 3·1운동 100주년 서울시기념사업 사무국에 고마운 마음을 전한다.

2019년 3월
저자 識

차례

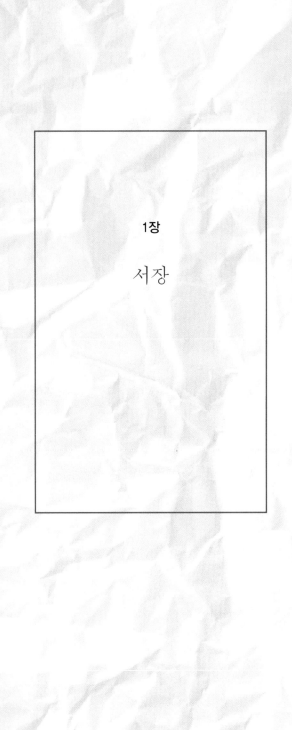

1장

서장

'거절당한 정부', 임정

대한민국 임시정부는 3.1운동 혹은 그 정명을 따져 '3.1혁명'의 결과다.[1] 집회 횟수 1542회, 집회인 수 202만3098인, 사망자 수 7509인, 부상자 수 1만5961인, 투옥자 수 4만6948인……[2] 임정은 그러므로 실로 거족적 반일항쟁에서 표출된 전 인민적 의사의 위임을 받아 수립된 것이며, 스스로 정체를 민주공화제로 결의함으로써 이 전 민족적 항쟁은 공화주의 혁명운동으로 자리 잡는다. 그해 4월 11일 상하이에서 제정된 임시정부 법령 제1호 「대한민국 임시헌장」은 이렇게 쓰여 있다.

선서문

존경하고 경애하는 아이천만 동포 국민이여, 민국 원년 삼월일일 아 대한민족이 독립선언함으로부터 남과 여와 노와 소와 모든 계급과 모든 종파를 물론하고 일치코 단결하야 동양의 독일인 일본의 비인도적 폭행하에 극히 공명하게 극히 인용하게 아 민족의 독립과 자유를 갈망하는 사와 정의와 인도를 애호하는 국민성을 표현한지라 금에 세계의 동정이 흡연히 아 집중하였도다. 차시를 당하야 본 정부일전국민의 위임을 수하야 조직되었나니 본정부일전국민으로 더불어 전심코 육력하야 임시헌법과 국제도덕의 명하는 바를 준수하야 국토 광복과 방기확고의 대사명을 과하기를 자에 선언하노라. 국민 동포여 분기할지어다. 우리의 유하는 일적의 혈이 자손만대의 자유와 복락의 가이요. 신의 국의 건설의 귀한 기초이니라. 우리의 인도일마침내 일본의 야만을 교화할지요. 우리의 정의일마침내 일본의 폭력을 승할지니 동포여 기하야 최후의 일인까지 투쟁할지어다. (…)

제1조 대한민국은 민주공화제로 함.

제2조 대한민국은 임시정부가 임시 의정원의 결의에 의하야 차를 통치함.

제3조 대한민국의 인민은 남녀 귀천 급 빈부의 계급이 무하고 일체 평등임.

제4조 대한민국의 인민은 신교 언론 저작 출판 결사 집회 신서 주소 이전 신체 급 소유의 자유를 향유함.

제5조 대한민국의 인민으로 공민 자격이 유한 자는 선거권 급 피선거권이 유함.

임정, 거절당한 정부

제6조 대한민국의 인민은 교육 납세 급 병역의 의무가 유함.

제7조 대한민국은 신의 의사에 의하여 건국한 정신을 세계에 발휘하며 진하야 인류의 문화 급 평화에 공헌하기 위하야 국제연맹에 가입함.

제8조 대한민국은 구황실을 우대함.

제9조 생명형 신체형 급 공창제를 전폐함.

제10조 임시정부는 국토 회복 후 만 일개년 내에 국회를 소집함.[3]

그러나 그로부터 26년이라는 간난신고의 세월이 흘러 1945년 11월 19일 대한민국 임시정부 김구 주석은 웨더마이어 주중 미군 사령관에게 편지를 보냈다.

나와 최근까지 충칭에 주재했던 대한민국 임시정부 요원들이 항공편으로 입국하는 것과 관련하여 나와 동료들이 공인 자격이 아니라 엄격하게 개인 자격으로 입국이 허락되었다는 것을 충분히 이해하고, 그것을 확인하는 바입니다. 나아가 우리가 입국하여 집단적으로나 개인적으로나 행정적, 정치적 권력을 행사하는 정부로서 기능하지 않을 것을 선언합니다. 우리의 목적은 미군정이 한국인들을 위해 질서를 수립하는 데 협조하는 것입니다.[4]

김구는 이 서한에서 임정 인사들은 공인이 아니라 개인 자격으로 귀국해 임정이 정부로서 기능하지 않을 것이며 귀국의 목적 또

김구 임시정부 주석

한 미군정에 협조하는 것이라 말하고 있다. 이 서한이 자의에 의해 작성된 것이 아님은 분명하다. 미군정의 요청이 있었고 그래야 미군 측으로부터 귀국 항공편을 제공받을 수 있었기 때문이다. 하지만 "자기 조국이 해방되었다고 해도 제 맘대로 돌아올 수 없는 것이 '점령'이다. 그런 점에서 이 편지만큼 점령의 무게를 고스란히 보여주는 자료도 없다. 그가 망명정부 주석이든 필부든 고국으로 돌아오기 위해서는 점령군 당국의 입국 허가를 받아야 했다".5 전 조선 인민의 총의의 위임으로 수립된 대한민국 임시정부는 미군정, 곧 점령군 정부에 의해 간단히 무시되고 있었다.

1945년 12월 19일 오전 11시 굴욕적인 귀국길에 오른 임정의 환영회가 개최되었다.

삼천만 민족의 총의로 조국애에 타오르는 의열사義烈士가 중심되야 조직된 우리 임시정부의 개선을 환영하는 민족적 성전이 19일 오전 11시에 서울 그라운드에서 개최되었다. (…)

11시 정각이 가까워오자 김구 주석 이하 요인 일동의 입장에 뒤이어서 각 정당 대표 기타 인사의 입장이 잇섯고 대비되엇든 장엄한 취주악에 맞추어 일동 총기립으로 역사적 성전이 개막되었다. 일동은 북향하야 36년간 이젓든 우리의 태극 국기를 올렸다. 기빨은 서서히 창공을 향하여 나부꼇고 장엄한 장내에는 희비의 교류곡이 소리업시 흘럿다. 일동의 애국가 합창이 이화여전의 환영가 합창이 끗난 후 홍명희씨의 환영가 잇섯고 러취 군정장관의 축사와 김구

1945년 12월 6일 서울에서는 대한민국 임시정부 환영회를 개최했다.
사진은 학생들의 시가 행진 장면.

주석의 열렬한 답시 및 이승만 박사의 답사가 잇은 후 천지를 진감
하는 만세삼창으로 환영회는 폐회되엇다.[6]

당시 조선의 민중은 미군정의 노골적인 냉대에도 불구하고 이
렇듯 열렬한 갈채를 통해 임정을 재승인했다. 1919년 3.1혁명으로
'전 국민의 위임을 받아 조직'된 대한민국 임시정부는 제2차 세계
대전 마지막 순간까지 그리고 귀국행 비행기에 오를 때까지도 불
승인된 정부였고, 귀국해서도 임정은 민중의 열렬한 승인의 갈채에
도 불구하고 국내외적으로 정부가 아닌 독립운동 지도자들 중 유
력한 인물들로만 간주되었을 뿐이다. 이 책은 따라서 열강, 특히 미
국과 조선 민중 사이의 현격한 인식 격차에 대한 연구라 할 수 있
다. 간단히 말해 왜 임정은 승인받지 못한, 처음부터 끝까지 '거절
당한 정부'였는가에 대한 연구다.

임시정부와 망명정부의 일반론

사전적 의미에서 '임시정부provisional governments'란 이렇다. "임시정
부린 새로운 국가를 수립하거나 기존 통치 행정부의 붕괴 이후 등
정치적 이행기에 수립되는 비상 정부를 의미하며, 일반적으로는 지
명되거나 혹은 전쟁(내전이나 타국과의 전쟁)을 치르는 와중과 그
이후에 나타난다. 임시정부는 대개 선거 등과 같은 정치 과정에 의

해 지명된 새 정부가 수립될 때까지 권력을 유지한다."[7]

샤인과 린츠는 구소련 동구권의 체제 변동을 주 대상으로 삼아 임시정부 또는 '과도정부interim governments'를 네 가지 모델로 나누고 있다. 첫째, 혁명적 임시정부로, 혁명이나 쿠데타 또는 외부 세력의 정복과 원정권의 축출 이후 발생한 전쟁의 결과로 앙시앵레짐이 붕괴한 이후 출현하는 정부를 말한다. 둘째, 권력 공유 임시정부로, 재임 중인 권위주의 정부와 민주적 반대 세력이 선거 때까지 행정 권력을 공유하는 경우다. 셋째는 현 정부가 관리인caretaker 정부 기능을 하는 것인데, 이임할 현 정권의 엘리트 일부가 민주적으로 선출된 정부 혹은 또 다른 비민주적 정권에 권력이 이양될 때까지 그 이행 기간을 관리하는 것을 의미한다. 넷째, 국제적 과도정부로서 유엔의 위임을 받아 국제기구가 민주화 과정을 지도하고 감시하는 경우다.[8]

사실 우리가 살펴보려는 상하이 혹은 충칭 임정은 이 네 가지 모델에 딱 들어맞는 사례가 아니다. 1910년 조선이라는 앙시앵레짐은 일제 곧 '외세에 의한 자국 영역의 강제 이양'[9]이라는 의미에서 일본국에 '병합annexation'되었다. 제국주의 시기에 국제법적으로 병합은 타국 영역의 군사적 점령 혹은 정복에 머물지 않고, 그 영역에 대한 법률적 권한legal title을 주장한다. 즉 병합된 타국의 영역에 대한 '주권'을 주장한다는 말이다. 또 "조약을 통해 영역을 증여 또는 매각하는 할양cession과 달리 병합은 실질적 소유에 의해 실효력을 발휘하고 일반적 승인에 의해 정당성을 얻는다."[10] [11] 지금의 국제 규범의 눈높이에서 보자면 병합은 엄연히 불법이자 원인 무효다. 하지만 어쨌든 상하이 임정은 대한제국 통치권이 일본에 양여되면서 당시의 '적법' 정부가 해체 소멸되고 그로부터 10여 년이 지나 구대한제국의 영역이 아닌 해외에 세워진 '정부'다. 그것은 새로운 독립 정부가 수립될 때까지 '임시적'임을 예정하고 해외에 수립된 정부라 하겠다.

반면 여기서 "망명정부government in exile"란 합법적인 권력을 행사할 수 없는 어떤 한 국가 또는 반半주권 국가의 정당한 정부가 타 국가나 해외에 정주하고 있는 정치 집단을 말한다. 망명정부는 대개 본국으로 귀환해 이전의 권력을 다시 얻을 계획을 갖고 있다. '잔류 국가rump state'는 이전 영역의 최소한 일부를 통제한다는 점에서 망명정부와는 다르다. 예컨대 제1차 세계대전 중 벨기에의 거의 전부가 독일에 의해 점령되었을 때 벨기에와 그 동맹국은 나라의 서쪽 아주 적은 부분만 유지하고 있었다. 반면 망명정부는 그 영역 전부를 상실한 것을 일컫는다.

망명정부는 대개 전시 점령이나 내전, 혁명 또는 군사 쿠데타 이후에 발생한다. 예컨대 제2차 세계대전 중 일부 유럽 정부는 나치 독일에 의한 파괴에 맞닥뜨리기보다 영국으로 피신했다. 망명정부의 실효성은 기본적으로 외국 징부 또는 자국 국민으로부터 받는 지원의 크기에 달려 있다. 어떤 망명정부는 현 정권에 심각한 도전이 될 만큼 가공할 세력으로 커나가기도 하지만 상징적인 제스처만으로 유지되기도 한다."[12]

임정, 거절당한 정부

역사적으로 임시정부는 약 50건, 망명정부는 약 80건에 가까운 사례가 보고되어 있다. 상하이 임정은 따라서 역사적으로 임시정부의 한 사례가 되는 셈이다. 임정을 일반적인 의미에서 망명정부로 파악하기에 어느 정도 무리가 따르는 이유는, 대개의 망명정부는 외적의 침략이나 내부의 혁명 등 급변 사태로 인해 정당성을 갖춘 적법 정부가 일시적으로 권력 행사의 장소를 이전하는 것이며, 따라서 법적 계속성이 담보되는 경우를 일컫기 때문이다. 이런 의미에서 보면 임정은 대한제국의 황제 혹은 핵심 권력자가 일제 군대의 불법적인 '위협이나 무력 사용'을 피해 중국으로 망명해 새롭게 정부를 구성한 것이 분명 아니다. 단지 정치적으로 유력한 망명 인사들이 3.1운동의 성과를 계승한 새로운 차원의 독립운동을 위해 집결했고, 국호를 대한민국으로 정하고 임시헌법 등 정부의 요건을 마련해 대외적으로 정부 수립을 선포한 것이다.

국제법적 승인recognition은 임정계 독립운동 노선의 핵심 중 하나였다. 이를 위해 임정은 상하이 시기는 물론이고 특히나 충칭 시기에 거의 모든 역량을 투입했다. 여기에는 열강의 승인을 통해 부족한 대표성을 보완하고자 하는 의도도 있었지만, 특히 열강의 재정 및 군사적 지원을 절실히 필요로 했다는 점도 있었다. 지금까지 임정 승인 문제를 다룬 선행 작업들이 없지 않으며 다들 언급하고 있는 주제임은 분명하다.[13] 하지만 이 책에서는 연구 대상을 좁혀 본격적으로 승인 문제에만 집중할 것이다.

이 글에서는 바로 임정 승인 문제를 제2차 세계대전 기간을 중심으로 다루고자 한다. 이를 위해 우선 유럽 8개국의 런던 망명정부와 '자유프랑스' 사례를 2장에서 살펴본다. 3장에서는 미국의 전후 질서 구상과 기획을 따로 정리해보려 한다. 특히 미국만 별도로 살펴보는 이유는 다른 열강과 비교해 제2차 세계대전 참전 때부터 미국은 전후 세계 질서를 기획해왔고, 또 이미 그 당시부터 실질적인 글로벌 초강국으로 등장했던 터라 전후 구상에 있어 미국의 규정력은 압도적이었기 때문이다. 4장에서는 미국, 영국, 중국, 소련, 프랑스의 임정 정책을 국사편찬위원회가 편찬한 『대한민국임시정부자료집』(2005~2011)에 수록된 각종 외교 기밀문서를 통해 살펴보려 한다. 5장은 현대 국제법상에서 승인에 대한 이론을 일반론적으로 다룬 뒤 임정 불승인으로 인한 우리의 외교적 이해 대변상의 실패를 짚어봤다.

2장

제2차
세계대전 중
런던 망명정부와
'자유프랑스' 승인 문제

제2차 세계대전 중 런던에는 8개의 망명정부가 들어섰고 여기에 드골이 이끌던 '자유프랑스Free French'까지 더하면 총 9개 국가가 있었다. 그래서 '미니 유럽'이라는 말도 생겨났다. 여기에는 벨기에, 룩셈부르크, 네덜란드, 노르웨이, 그리스, 폴란드, 체코슬로바키아, 유고슬라비아 그리고 '자유프랑스'가 속해 있었다. 영국 의회는 국내의 반대에도 불구하고 '외교특권(확장)법Diplomatic Privileges (Extension) Bill'을 1941년 3월에 통과시켜 이들 8개국의 망명정부 모두를 승인하고 이들에게 외교 특권을 부여했다. 종전 후 8개국 가운데 벨기에, 룩셈부르크, 네덜란드, 노르웨이는 원래의 권력으로 복귀했다. 한편 폴란드와 체코에는 소련이 후견하는 공산 정권이, 유고에는 티토가 주도하는 비소련계 정권이 들어섰다. 그리고 그리스에는 영국, 뒤이어 미국이 개입해 결국 내전이 발발했다.

영국의 전시 외무장관을 역임한 보수당의 앤서니 이든은 미소

참전 이전인 1941년 2월 영국 정부 각 부처에 보낸 회람에서 아래와 같이 말하고 있다. 즉 나치 독일의 침공 이전에 현지의 적법 정부로서 기능하고 있던 망명 8개국에 대한 신속한 승인과 최상의 대우는 영국의 반독 전쟁 수행을 위한 전략의 일환으로서 매우 당연한 일이었다는 것이다.

국왕 폐하의 정부라는 관점에서 볼 때 이 정부들의 지위를 완전히 승인하고 보호하며, 그들의 대표는 단순히 외국 정부의 대표로서가 아니라 연합군Allies으로 대우받아야만 한다는 점은 극히 중요하다. (…) 외국 땅에 있는 정부의 위치는 민감한 것인데, 전쟁의 성공적인 수행을 위해 그 나라 국민뿐만 아니라 그들 나라가 외교적 대표 관계를 유지하고 있는 중립국이 보기에도 연합국 정부의 권위를 인정해주는 것은 중요한 일이다.[1]

런던 망명정부 8개국과 '자유프랑스'는 자못 다른 경우였다. 필리프 페탱 원수의 대독 강화, 즉 항복에 반대해 드골은 런던에서 역사적인 「6.18 호소문」을 발표했고 계속 항전을 독려해 큰 반향을 일으켰다. 그 직후 이에 대해 영국은 성명서를 내고 드골을 "그들이 어디에 있건 상관없이 연합국의 대의를 위해 결집하는 모든 자유로운 프랑스인들의 지도자"로 인정한다고 밝혔다. 그리고 '자유프랑스군Free French Forces'을 조직하기 위한 조건과 관련해 정식 합의가 8월 7일 이루어졌다. 여기에 대해 처칠은 전시 내각에서 드골을

　　　　　　　　　　　　　　　임정, 거절당한 정부

"독립된 정부의 대표로서가 아니라 공동의 적과 싸울 것을 결의한 프랑스와의 협력을 촉진할 위원회의 대표"로 승인했음을 밝혔다. 드골이 런던에 있는 동안 이 입장엔 본질적인 변화가 없었다.[2]

1940년 10월 27일 '제국방위협의회', 1941년 9월 24일 드골의 주도하에 '프랑스전국위원회French National Committee, Comité national français'가 결성된다. 1942년 7월 13일 '자유프랑스'는 '투쟁하는 프랑스France combattante', 즉 대외적으로 자유프랑스군FFF, 대내적으로 프랑스 국내군French Forces of the Interior FFI과의 통합을 강조하기 위해 이름을 바꾸었다. 1942년 11월 북아프리카를 재탈환한 이후 앙리 지로 장군의 알제리 사령부와 통합했고, 이로써 프랑스국가해방위원회Comité français de Liberation Nationale CFNL가 탄생한다.

드골의 자유프랑스 운동은 연합국에 의해 결코 승인받지 못했다. 자유프랑스는 1941년 6월과 9월에 개최된, 전후 처리를 위해 「대서양헌장Atlantic Charter」을 기초하기 위한 '연합국협의회Allied Council'에 일종의 옵서버로 초대되긴 했다. 하지만 1944년 10월 23일 파리 해방 두 달 뒤에야 드골이 이끄는 프랑스 공화국 임시정부가 영국, 미국, 소련에 의해 정식 승인되었을 뿐이다.

식민지에 주둔하고 있던 프랑스의 아프리카 군단이 자유프랑스로 돌아서면서 1943년 8월 1일 공식적으로 기존의 자유프랑스군과 통합해서 프랑스해방군을 결성한다. 1944년 중반이 되면 이 병력은 40만 명 이상을 기록하고, 노르망디 상륙작전과 남프랑스 침공 작전에 가담하는데, 종전쯤에는 거의 130만에 육박하게 된다. 이는 연합군을 통틀어 네 번째로 큰 규모이며 이후 대독일 본토 공략에도 참전한다.

1942년 5월 연합군의 북아프리카 상륙작전 준비가 막바지에 이르렀을 때 영국 외무장관 이든은 주미 영국 대사 핼리팩스 경에게 전문을 보내 '미국이 프랑스전국위원회를 정부로 승인하거나 또는 드골 장군에게 부여된 승인의 정도가 영국보다 더 나간다면 그것은 실책이 될 것'이라고 했다.[3]

영국은 비시 정부와의 공식 관계를 결코 단절한 적이 없었다. 이는 프랑스 툴롱에 무장해제된 채 억류되어 있는 프랑스 함대가 만에 하나 독일 수중에 장악되는 것을 방지하고 또 북아프리카의 독일군과 분리시켜놓는 게 영국에게 결정적인 것이었기 때문에 비시 정권에 대한 승인 철회를 서두르지 않았던 것이다. 그리고 비시 프랑스와 자유프랑스 사이에서 "동시에 두 마리 말을 타는 것"은 바람직하지 않다는 계산에서 그 한쪽인 자유프랑스를 승인하지 않은 채 상황을 관망하기도 했던 것이다.

드골과 루스벨트의 관계는 결코 순탄하지 않았다. 루스벨트는 드골을 "견습 독재자apprentice dictator"로 여겼다. 처칠 또한 드골을 극단적으로 혐오했고, 드골도 마찬가지로 영미 지도자들에 대해 노골적인 불신을 드러내곤 했다. 드골의 자유프랑스 승인과 관련해 루스벨트는 자신의 대프랑스 정책의 두 가지 근본 원칙에 대해 말한 바 있다.

임정, 거절당한 정부

첫째는 반독전을 수행함에 있어 군사적 고려가 가장 우선이고 또 그래야만 한다는 점이다. (⋯) 우리 정부를 이끌고 있는 두 번째 기본 원칙은, 주권은 국민에게 있고 90퍼센트 이상의 프랑스 국민이 자신의 정치적 권리를 행사할 자유가 없는 한 미합중국은 그 어떤 개인 또는 집단이라 할지라도 프랑스 또는 프랑스 제국의 정부로 승인하지 않을 것이다.

1943년 7월 25일자로 미 국무부 차관 벌Adolf A. Berle은 루스벨트 행정부의 입장을 다시 상술하고 있다.

현재 어떤 프랑스 그룹도 추축국의 지배하에 놓인 프랑스인들의 의지를 권위 있게 대변한다고 주장할 수는 없습니다. 1940년 초에 프랑스 정부는 사라졌고 이후 프랑스인들은 스스로를 정치적으로 대변할 기회를 갖지 못했습니다. 이런 상황에서 나는 프랑스의 친구들이 취해야 할 유일하게 진정성 있는 방식은 우리 정부가 일관되게 추진해온 정책 노선, 곧 프랑스 인민들이 해방되고 다시 자신들의 지도자를 선택함에 있어 자신들의 자유의지를 행사할 위치에 도달할 때까지 그 어떤 프랑스인 그룹도 프랑스 정부로 승인하지 않는 것이라고 생각합니다.[4]

루스벨트는 또한 1943년 1월 1일 처칠에게 다음과 같은 서

한을 보낸다.

나는 우리가 북아프리카에서 군사적 점령을 이루었고 그래서 우리 사령관이 군사적인 것뿐만 아니라 민사적인civil 것에도 전적인 책임을 지고 있다고 강하게 느낍니다. 우리는 우리 프랑스 친구들 누구라도 이 점을 잊어버리지 않도록 해야 합니다. 마찬가지로 그들 중 어느 누구, 혹은 어떤 위원회나 집단을 프랑스 정부나 제국의 대표로 승인하리라고 생각하는 것을 원치 않습니다. 우리가 이 전쟁에서 승리한 후에 프랑스 국민 스스로가 자신들의 문제를 해결할 것입니다. 그때까지는 우리 군대가 이전의 프랑스 영토 어디를 점령하든 우리는 그 지역의 프랑스인을 상대할 수 있을 것이며, 만일 이 지역의 관리가 역할을 하지 않는다면 우리는 그를 갈아치워야만 할 것입니다.5

처칠 또한 1943년 7월 외무성이 프랑스 국가해방위원회를 어느 정도는 승인해야 한다고 압박을 가하고 있을 때 외무장관 이든에게 서두를 이유가 없다고 말했다.

내 생각에 어떤 식의 지연책이 유익하다고 봅니다. 드골이 미국의 정책을 신랄하게 공격한 적이 있고, 미 대통령의 희망에 반해 많은 성과를 거뒀음을 기억해야만 합니다. (…) 이 모든 게 그와 그 위원회가 치러야 할 비용입니다. 거들먹거리는 지배자를 달래는 것보다. 기분 상하게 만드는 것이 더 쉬운 법입니다. 그래서 나는 시간과 선의의 증거가 필요하다고 봅니다.[6]

프랑스군의 튀니지와 이탈리아 전투 참전, 점령지 프랑스에서 레지스탕스의 활약, 의회와 언론의 친드골적인 압박 등에 의해 결국 1943년 8월 27일 프랑스 국가해방위원회에 대한 최초의 유보적인 승인이 등장했다. 이 위원회를 "(위원회의) 권위를 인정하는 프랑스 해외 영토를 행정 관리하며" "동맹국 간 협력이라는 틀 속에서 프랑스의 전쟁 수행 노력을 보증해주는 기구"로 간주한다는 것이었다. 미국 역시 유사한 성명을 냈는데, "이것이 프랑스 정부로서의 승인을 구성하는 것은 아니다"라는 단서를 달았다. 반면 소련은 이 위원회를 "프랑스 공화국의 국가 이익"을 대변하며 "히틀러주의에 대한 반대 투쟁에 있어 모든 프랑스 애국자의 유일한 대변자"로 간주했다.[7]

자유프랑스는 미·영 주도 연합군 측이 드골의 대표성 등을 빌미 삼아 끝까지 정부 승인을 거부한 대표적인 사례다. 반파시즘 전쟁을 수행하는 데 있어 예컨대 벨기에와 노르웨이 등 8개국 망명정부와 견줘 자유프랑스가 차지하는 비중은 훨씬 더 큰 것이었다. 어쨌든 미·영은 끝끝내 승인을 거부했는데 여기에 루스벨트와 처칠의 개인적인 감정이 어디까지 작용했는지는[8] 가늠하기 쉽지 않다.

그렇다 해도 자유프랑스 사례는 다른 한편으로 임정과는 도무지 비교하기 어려운 격차를 보인다. 드골 역시 임정과 마찬가지로 그 어떤 합법적 권위를 내세우거나 혹은 선출된 권력의 정당성을 주장할 수 없는 처지였다. 하지만 당면한 전쟁을 수행하는 데 있어 드골의 자유프랑스의 비중은 설사 프랑스가 항복한 상태였다 해도 결코 무시할 수 없는 수준이었다. 프랑스는 제국이었다. 프랑스 제국이 보유한 영토 곳곳에는 식민지 군대가 살아 있었고 프랑스 해군 역시 억류 상태였지만 여전히 존재했다. 프랑스의 3분의 2가 나치 군대에 의해 점령된 상태였지만 그래도 남프랑스에서는 비시정부가 유지되고 있었다. 프랑스 국가해방위원회는 미·영의 승인에 모든 것을 걸어야 할 처지는 결코 아니었다. 특히나 프랑스 점령지에서 레지스탕스는 드골의 대리인 장 물랭 등의 활약과 더불어 공산당계까지 일정하게 통합해낼 수 있었다. 드골주의자든 공산주의자든 어느 정도의 통합에는 다다른 것이었고, 이에 따라 드골의 지도력은 관철될 수 있었다. 미·영은 종전 후 프랑스에 대한 군정을 구상하던 중이었고, 이를 모를 리 없는 드골 역시 측근 르 클라크 장군을 통해 제일 먼저 파리에 입성할 것을 지시했다. 드골은 파리 해방군의 지도자였다. 미·영의 견제에도 불구하고 이는 자력으로 관철한 것이었다. 이후 프랑스는 전후 처리의 당당한 주역으로 자리 잡는다. 프랑스의 경험이 보여주는 것은 국제법적 승인이 모든 것을 결정하지 않는다는 점이다. 결정적인 것은 결국 힘의 관계다.

임정, 거절당한 정부

3장

미국의 전후
구상과 임정

임정 승인 문제를 다루는 데 있어 우리는 무엇보다 배경에 자리한 '큰 그림'에 주의를 기울여야 한다. 임정 승인은 어쩌면 그 큰 그림의 작은 퍼즐 조각일지도 모른다. 승인 문제는 따라서 미국의 전후 구상이라는 하이 폴리틱스high politics의 하위 변수일 뿐이다. 중일 전쟁, 제2차 세계대전 그리고 태평양 전쟁의 개전과 미국의 참전 이후 세계대전의 사실상의 주인공은 미국이었다. 당연히 미국은 전쟁 기간 중 한반도의 전후 처리 구상의 제안자였고 종전 후에도 한반도의 운명을 규정한 당사자였다.

　미국의 전후 외교 정책을 주도한 것은 국무부의 공식 라인이라기보다 기득권층의 외교 싱크탱크로 잘 알려진 오랜 역사의 '외교협회Council on Foreign Relations'가 제2차 세계대전 발발 직후 결성한 '전쟁과 평화 기획War and Peace Project'[1]과 태평양 전쟁 발발 이후 국무부 내에 구성된 '전후 대외정책에 관한 자문위원회Advisory

미국 외교협회 설립자인 엘리후 루트. 윌슨식 국제주의를 옹호하기
위한 목적으로 협회를 만들었다.

Committee on Postwar Foreign Policy'였다.[2] 기본적으로 미국 거대 자본의 대외적 이익을 보장하기 위해 외교협회 구성원들로 이뤄진 전쟁과 평화 기획은 태평양 전쟁 이후 국무부 내에 자문위가 구성됨으로써 훨씬 더 공식적인 성격을 띠게 된다. 자문위는 다시 상층의 고위 위원회와 조사연구 기구로 나뉜다. 특히 고위 위원회에는 국무부 장관 코델 헐Cordell Hull, '전쟁과 평화 기획' 조정위원장이자 외교협회 회장 노먼 데이비스Norman Davis, 미국제철U.S.Steel 전직 이사이자 루스벨트의 바티칸 특사, 외교협회 지도부 중 한 명인 마이런 테일러Myron C. Taylor, 존스홉킨스대 총장이자 루스벨트의 자문역인 아이제이어 보먼Isaiah Bowman, 국무부 장관 특보인 리오 패스볼스키Leo Pasvolsky, 그리고 루스벨트의 각별한 신임을 받았던 국무부 차관 섬너 웰스Sumner Welles가 핵심 멤버였다.[3]

외교협회와 국무부 자문위 내부 문서 등 방대한 사료 발굴에 기반해 최초로 본격적인 연구를 수행한 정용석에 따르면, 한반도 정책은 대략 3단계를 거쳐 성안되었다.[4]

1단계는 1942년 중반에서 1943년 후반까지로, 정책 입안을 위한 조사 연구 단계다. 여기서 한반도는 처음부터 신탁통치 적용 지역으로 간주되었다. 신탁통치는 한반도뿐만 아니라 전 세계 식민지, 종속국에 대한 일반 원칙으로 여겨졌다. 즉 신탁통치안이 "구식민 모국들과 이해관계를 조정해내고, 종속국 인민들의 민족운동을 완화시켜 이 지역에서 미국 경제의 요구를 우선적으로 보장하는 방안"이라는 것이다.[5] 또한 조선이 일본으로부터 "즉시 독립할 경우 민족주의자들에 의해 경제가 국유화될 위험이 있고, 밑으로부터의 경제적 욕구 분출에 의한 위기가 예상되니 즉시 독립보다는 신탁통치하에서 자유로운 외국 무역과 외국 자본이 접근하도록 하는 것이 바람직하리라고 결론"내렸다.[6] 따라서 1943년 11월 23일 한반도와 관련된 카이로 회담의 결정, 즉 "한국 인민의 노예 상태에 유의하여 적당한 절차를 거쳐 한국을 자주독립시킬 것을 결의한다" 함은 이 구상이 국제적 합의를 이뤄가고 있음을 보여준다.

2단계는 1943년 9월 국무부에 극동지역위원회가 꾸려지고 나서 1944년까지다. 신탁통치라는 기본 개념이 마련되자 이제 그 구체적인 실행 방안을 논의하고 정리해가는 시기다. 한국 관련 논의는 내부 토론을 거친 뒤 비망록 형태로 국무부에 전달되었다. 위 '기획'에서 마련된 안은 한국이 해방에서 독립으로 가는 그 경로의 문제였다. "이 문서는 군정 실시 이전의 시기를 ① 혁명적 요소들이 적극적으로 활성화될 '진공기' ② 일본 항복 이전 연합군의 한국 점령 ③ 일본 항복 시 영토 이양의 세 단계로 나누었다." 여기서 점령군의 임무는 진공기에 혁명 세력에 의한 혼란을 막는 데 중점을 두었다. 특히 소련군의 대일 전쟁 참전 시 '한자리를 보장해줄 수밖에 없을 것'임을 들고 있다. 군정 이후는 ① 군정 ② 유엔의 공동 민간 행정 단계로 구분하고 있다. 이 방안에서 드러난 것은 한반도의 지정학적 위치와 군사전략적 중요성을 감안할 때 어느 한 강대국의 독점을 막고 4강, 곧 미·영·중·소의 합의에 의한 안전보장 장치가 필요하다는 고려다. 하지만 실제로는 소련의 남진 저지가 첫째이고

일본의 통제가 둘째 목표다. 4강의 합의에 의한 신탁통치안의 핵심 이유는 바로 여기에 있다.[7]

3단계는 1944년 11월 정책 조정과 협조를 위해 국무부, 해군부, 육군부의 3부 조정위원회를 설치하고 산하에 극동소위원회를 구성하는 정책 결정 단계다. 미국의 한반도 구상은 1945년 2월 얄타 회담을 준비하기 위한 미 국무부 정책기획위원회의 보고서에서 잘 드러난다.

> 한국 문제는 국제적 성격을 가지고 있으므로 한국에서 군사 작전을 마침과 더불어 ① 실현 가능한 한국의 점령군과 군정에 연합국 대표를 두어야 한다. ② 그러한 대표는 한국의 장래 지위에 실질적 이해관계를 가진 국가인 미국, 영국, 중국, 소련(태평양 전쟁에 참여한다는 것을 전제로 하여)으로 구성되어야 한다. ③ 다른 국가들의 대표권은 미국의 비례적 힘을 그 영향력이 약화될 정도까지 감소시켜서는 안 된다는 것이 국무부의 견해다.[8]

4강 합의에 의한 미국의 신탁통치안과 더불어 미국은 세부적인 한반도 점령 방식, 군정 실시 방법, 국제 관리 기구 구성 등 세부적인 방침도 결정하기에 이른다. 그런데 여기서 군이 미국이 한반도에 대한 4강 합의와 분할 점령 방식을 사고하는 것은 기본적으로 군사적 힘의 관계를 고려했기 때문이다. 즉 미국이 단독으로 점령 가능한 일본과는 달리, 소련이 참전하고 만주를 공략한 뒤 북한 지역에 군사력을 배치할 경우 사실상 하나의 통일된 단위로 한반도를 공동 점령하는 게 가능하지 않았다는 말이다.

다음은 미국 군부의 입장을 잘 보여준다.

> 일본에서의 상황과 달리 미국은 한국 문제에서 자신이 바라는 위치를 연합국 간의 협정에 의해 확보해야만 할 것이다. 왜냐하면 결정적 시점에서 지상군은 소련군이나 중국 공산군이 될 것이기 때문이다. 만약 미국이 한국에서 일정한 영향력을 행사하는 위치를 확보하지 못하면 카이로 선언의 조항을 준수하는 데 어려움을 겪을 것이다. 이 문제는 미국에게 원칙상으로나 미래의 전략상으로나 중요하다. 미국은 4강에 의한 신탁통치가 종전 후 즉시 수립될 것이라는 사전 협정을 얻어내야만 한다.[9]

태평양 전쟁 초기부터 미국의 전후 한반도 처리 구상은 신탁통치에 있었다. 그리고 당시 조선은 당장 독립할 만한 자치 능력을 갖추지 못하고 있다고 여겨졌고, 임정은 고려 대상조차 되지 않았다. 이러한 생각은 비단 미 국무부 등 행정부뿐만 아니라 미 재계에서도 공유되고 있었다. 『포춘Fortune』은 1942년 7월의 한 기사에서 이렇게 썼다.

> 일본으로부터 한국을 분리해내는 것은 정의로운 행동일 뿐만 아니라 유엔으로 하여금 일본의 향후 군사적 야욕을 통제하는 데도 유

용하다. 한국을 분리된 하나의 전체, 독립국가로 다루기 위해서는 중국과 소련 사이의 양해가 필수 불가결하다. 김구를 수반으로 한 망명정부는 국제적 인정을 못 받고 있으며, 해외 망명 세력은 분열되어 있고 정통성도 없다. 그러나 한인들에 대한 지원을 통해 이들을 대일 전쟁에 동원해야 한다. 현재로서 어느 한 분파를 승인하지 않고도, 한국의 자유와 독립에 대한 권리 선언은 가능할 것이다. 경제적으로 독립 한국은 일본의 한국 내 현재 자산이 양도된다면 수지를 맞출 수 있을 것이다. 정치적으로 한국인들의 자치 능력 부족은 식민지 지배의 결과이고, 이행기 동안 태평양위원회에 의해 지명된 고등 판무관이 우두머리가 되는, 국제적으로 선발된 민간 행정 기구를 통해 국제적 지원을 받아야 한다.[10]

미국뿐만 아니라 영국, 중국, 소련 등에서도 미국의 신탁통치안을 수용하는 흐름이 조성되고 있었다. 물론 그 정도나 국내적 조건은 달랐더라도 말이다. "중국은 충칭의 대한민국 임시정부에 대한 지지를 통해 한반도에 일정한 영향력을 확보하려고 했다. 그러나 중국은 자신의 영향력만 확보된다면 기꺼이 국제 신탁통치에 협조하려 했고, 기실 미국인에 조기에 동감을 표시했다. 전후 인도나 동남아시아에서 자신의 지위에 주된 관심을 보였던 영국 역시 일찌감치 미국 측 안에 동의했다. (…) 소련은 자신의 복안을 드러내지 않았으나, 계속 다짐을 받으려드는 미국 측에 마지못해 동의하는 태도를 취했다."[11]

4장

열강과
임시정부 승인 문제

1. 중국 국민당 정부와 임정 승인

1942년 2월 14일 중국 국방최고위원회가 국민 참정회 제2기 제
2차 대회에서 정부에 건의한 '자유대한민국 임시정부 및 독립 이디
오피아 왕국 정식 승인안'을 보냈는데 그 내용은 다음과 같다. 참정
원 위원 타오싱즈陶行知와 후추위안胡秋原 등 21인이 제안한 형태로,
국민 참정회는 국민당 정부의 국정 자문 기구였다. '동종동문' '순
치론'을 내세워 임정을 '사실상의de facto 정부'로 승인하자는 취지
였다.

중·한 두 나라는 동문동종의 전통을 가지고 있을 뿐만 아니라 마치
이와 입술처럼 오랫동안 서로를 의지해왔다. 한국이 멸망을 고한
날은 바로 우리의 국난이 시작된 날이었다. 한국의 혁명 지사들은
우리 경내에 독립 정부를 세우고 지난 20여 년간 조국 광복을 위해
분투했다. 근자에는 한국광복군을 조직해 우리의 항전을 돕고 있

다. 비록 대한민국 임시정부의 역량이 아직은 미약하나 이들을 원조하고 육성하는 것은 마땅히 우리 책임이다. 원조의 첫걸음은 바로 대한민국 임시정부를 사실상의 정부로 인정하는 것이다. 우리가 솔선하여 대한민국 임시정부를 승인하면 다른 민주국가들도 그 뒤를 따를 것이다. 맹방으로부터 그 존재가 정식으로 승인되면 대한민국 임시정부의 혁명 정신은 더욱 굳건해질 것이고, 역량도 더욱 집중될 것이다. 이로써 삼천만 한인은 영원한 우리의 친구로 남을 수 있게 된다. 동아의 영구적인 평화를 위해 민족 혁명을 영도하고 있는 우리 노력은 이로부터 시작되어야 할 것이다.[1]

1942년 4월 1일자로 당시 중국 외교부 극동국장 양윈주楊雲竹는 외교부장 쑹쯔원宋子文에게 「대한민국 임시정부 승인 여부에 대한 지시 요청」이란 문건을 보낸다. '동아의 영수' 국민당 정부가 임정 승인 문제에 대해 입장 정리가 필요하다며 유불리의 관점에서 이해득실을 따지고 있다. 아울러 '쑨 원장', 즉 입법원장 쑨커孫科의 조기 승인론도 고려되었다. 임정의 대표성에 흠결이 있지만 임정 승인을 통해 반일 전선을 강화하는 효과가 있다는 내용이다. 특히 친소 임정이 수립되기 전에 선수를 쳐야 함을 강조한다.

대한민국 임시정부 승인 문제에 관해 워싱턴에서 후胡 대사로부터 미국 정부의 태도를 전하는 전문이 도착했습니다. 후 대사의 전문에 의하면 루스벨트 대통령은 2월 23일 방송에서 한국 문제를 거론

1940년 2월 26일 중국 시안에서 찍은 광복군 총사령부 총무처 일동 사진. 대일 공작 추진을 위해 전방 전선이 시안으로 옮겨왔다.

하긴 했지만, 구체적인 방법은 중국의 정책을 참작하여 결정할 것이라 했다 합니다. 충칭에 주재하고 있는 영·미 대사관에서도 이와 비슷한 입장을 표하고 대한민국 임시정부 문제에 대한 우리의 태도가 어떠한지 알고 싶어합니다. 동아의 영수로서 반침략 전선을 영도하고 있는 우리 정부는 속히 대한민국 임시정부 문제에 대한 입장과 태도를 정리할 필요가 있습니다. 지난번 후 대사를 통해 위원장께 전달된 미국인 해리스 등의 서한은 중국이 솔선하여 대한민국 임시정부를 승인해주기를 청했습니다. 해리스 등의 편지는 이미 중문으로 번역하여 위원장께 올렸습니다. 최근에는 쑨孫 원장이 편지를 통해 미국 각지에서 속히 대한민국 임시정부를 승인해주기를 청하는 전문이 줄을 잇고 있다며, 이 문제에 대한 신중한 연구를 청하기도 했습니다. 이에 대한민국 임시정부 승인의 이해득실과 고려 사항을 살펴봤습니다.

(一) 대한민국 임시정부를 승인한다 해도 문제점이 적지 않습니다. 독립운동에 종사하고 있는 한인 당파 간에는 갈등과 반목이 여전합니다. 충칭에서 활동하고 있는 한인 당파만도 독립당과 혁명당 양대 계통으로 나뉘어 있고, 미국의 한인 독립운동가들도 정통파와 좌경파로 나뉘어 상호 비방과 공격을 그치지 않고 있습니다. 이런 연유로 한국 독립운동 세력의 역량은 여전히 미약하기 그지없습니다. 한국 혁명 진영의 통일과 단결이 이루어지지 않은 현재 상태에서 섣불리 대한민국 임시정부를 승인한다면 이는 오히려 부정적인 결과를 가져올 텐데, 이 점이 가장 우려되는 부분입니다. 두 번째로는 현재 대한민국 임시정부를 영도하고 있는 인물들이 과연 한인 전체의 신망을 얻고 있는가 하는 점도 의문스럽습니다. 우리가 대한민국 임시정부를 승인한다고 즉각 군사적인 성과를 거둘 수 있는가 하는 부분이 세 번째로 고려되어야 할 점입니다.

(二) 물론 대한민국 임시정부를 승인함으로써 기대되는 효과도 적지 않습니다. 약소 민족에 대한 지원은 우리 중국 국민당의 일관된 정책 가운데 하나입니다. 지금 대한민국 임시정부를 승인한다면 반침략 전선을 강화할 수 있을 뿐만 아니라 우리가 진행하고 있는 항전의 목적이 얼마나 위대한 것인지 널리 알릴 수 있을 것입니다. 이

것이 대한민국 임시정부를 승인함으로써 얻을 수 있는 첫 번째 소득일 것입니다. 일구日寇는 지금 동아 민족 해방이라는 미명으로 침략 전쟁을 정당화하려 선전하고 있습니다. 우리가 대한민국 임시정부를 승인한다면 적들의 선전이 기만에 지나지 않는다는 것을 사실로 증명해 보일 수 있을 것입니다. 바로 이 점이 대한민국 임시정부 승인으로 얻을 수 있는 두 번째 소득입니다. 중국을 비롯한 세계 각지에 망명하여 독립운동을 전개하고 있는 한국 지사는 적지 않을 것입니다. 우리가 솔선하여 대한민국 임시정부를 승인한다면 이들을 하나의 중심으로 규합할 수 있을 것이며, 이들 지사가 세계 각지의 한인들을 단결시켜 항일 공작을 더욱 강력하게 추진할 수 있을 것입니다. 이 점이 대한민국 임시정부 승인으로 얻을 수 있는 세 번째 소득입니다.

일전에 쑨 원장께서는 소련이 시베리아에 거주하는 한인들로 두 개 사단의 군대를 조직하고 이미 훈련을 마쳤다고 말씀하셨습니다. 장래 시국의 변화가 어떻게 전개될지 알 수 없지만, 만일 소련이 이들 한인 부대를 근간으로 또 다른 대한민국 임시정부를 조직한다면 이는 우리에게도 해결하기 어려운 난제가 될 것이니, 이후 동아 정국 변화의 주도권 장악을 위해서도 우리가 다른 나라에 앞서 대한민국 임시정부를 승인할 필요가 있다는 게 쑨 원장의 의견이었습니다.

이상으로 대한민국 임시정부 승인의 이해득실과 고려 사항에 대해 살펴봤습니다. 과연 대한민국 임시정부 승인 문제를 어떻게 처리하는 것이 좋을지 의견을 주시길 바랍니다.[2]

1937년 루산회의廬山會議를 마친 뒤 장제스의 모습.
그는 1942년 한국의 독립 승인과 관련한 보고를 받는다.

중국 외교부는 「한국 독립 승인 문제에 관한 연구 결과 보고」라는 문건을 1942년 4월 29일자로 장제스에게 보고한다. 결국 미 대통령 루스벨트의 입장을 추수하는 것이라 할 만하다.

군사위원회 장蔣 위원장님께 올립니다. 한국의 독립 문제에 관한 루스벨트 대통령의 의견을 전달하며 연구해 보고하라는 묘양시비 제1211호卯養侍祕第1211號 전문電文을 받고 연구한 결과를 보고드립니다.

위원장님의 지시를 받은 뒤 국방 최고위원회 왕량처우王亮疇 비서장과 신중하게 연구를 진행했습니다. 영국이 인도 문제를 해결한 뒤 한국 독립 문제를 고려해야 한다는 루스벨트 대통령의 의견은 충분히 고려해볼 만한 가치가 있다고 생각합니다. 따라서 우리가 앞장서서 한국 독립을 승인하는 문제는 잠시 미루는 게 좋을 것입니다. 외교부에서는 언제가 한국 독립을 승인할 적당한 시기인지 면밀히 주의하고 연구를 계속할 것입니다. 이와 관련된 내용은 수시로 보고드리도록 하겠습니다. 물론 위원장님의 뜻이 결정된 뒤 미국 측과 상관 문제를 협의할 것입니다. 직접 뵙고 보고드리기에 앞서 서면으로 연구 결과를 올립니다.[3]

1942년 6월 18일 국민당 중앙조직부장 주자화朱家驊는 장제스에게 아래와 같은 건의문을 제출하면서 임정 승인의 네 가지 이유를 열거한다. 여기서 그는 다분히 '동종동문' '순치'의 관계라는 명분론적인 참정원 측의 이유보다 훨씬 더 구체적이고 정치적인 근거를 제시하고 있다.

대한민국 임시정부 승인 문제는 지난해 12월 9일 우리 정부가 일본에 대해 정식으로 선전포고를 한 직후 직접 위원장님을 뵙고 언급한 바 있습니다. 당시 위원장님께서는 아직 시기상조라며 잠시 뒤로 미룰 것을 지시하셨습니다. 후일 듣자 하니 미국 방면에서는 미국에 거주하는 한교들의 대한민국 임시정부 승인 요청에 호응하여 이 문제를 공식적으로 제기하고 매우 중시하고 있다 합니다. 근자에 일본은 동북에 병력을 증강시키고 있는데 이로 보아 소련 침공을 위한 북진이 머지않은 것으로 생각됩니다. 소련과 일본 간 전쟁이 폭발하기 전 적당한 시기에 대한민국 임시정부를 승인해야 하는 이유를 아래에 정리했습니다.

一. 우리가 항전을 개시한 지 벌써 5년이 지났습니다. 아시아 문제에 있어서만큼은 우리가 내놓는 의견에 대해 맹방은 분명 이를 중시하여 반대하지 못할 것입니다.

二. 소련은 지금 미국과 영국의 원조를 애타게 기다리고 있습니다. 비록 일본과는 중립 협정을 맺은 상대이지만 자신들의 의견을 공개적으로 표시하지는 못할 것입니다.

三. 우리가 앞장서 대한민국 임시정부를 승인하게 되면 일본과의 전쟁이 폭발한 뒤에도 소련은 한국 소비에트 정부를 세울 수 없게 될 것입니다. 일소 전쟁이 폭발하면 결국 소련은 우리의 뒤를 좇아 대한민국 임시정부를 승인하지 않을 수 없을 것입니다.

四. 듣자 하니 소련은 한인들을 모아 이미 몇 개 사단에 이르는 군대를 훈련시켰다 합니다. 장래에 일본과 전쟁이 있게 되면 소련은 분명 한국 소비에트 정부를 건립하고 각국에 승인을 요청할 것입니다. 지금 우리가 솔선하여 우리와 역사적으로 긴밀한 관계를 맺어온 대한민국 임시정부를 승인하지 않는다면, 장래에 해결하기 쉽지 않은 여러 문제가 발생할 것입니다.

이상 네 가지 이유에 근거하여 대한민국 임시정부 승인을 기정사실로 정하고, 장래에 외교적으로 이 문제를 운용할 필요가 있을 것입니다. 이 점은 위원장님께서도 이미 잘 알고 만반의 준비를 갖추고 계시리라 생각됩니다. 천박한 견해이나마 살펴보시고 참작 바랍니다.

즉 소일전 개전이 임박한 이때 임정 승인을 '기정사실'로 하고 선제 대응함으로써 한반도에 친소 소비에트 정권이 등장하는 것을 막자는 계산이 주 내용이다. 그런데 외교부장 쑹쯔원에 따르면 루스벨트 미 대통령이 '인도 문제'[4]가 해결되지 않았기 때문에 임정 승인을 시기상조라고 생각한다는 의견도 첨부하고 있다. 그 결과 중국 외교부의 두 차장과 국방 최고위 왕량처우 비서장의 연구 결과 '잠시 보류'로 결론을 내렸다.

대한민국 임시정부 승인 문제와 관련하여 지난 4월경 외교부 쑹쯔

쑨커 국민당 정부 입법원장(왼쪽).
아버지 쑨원과 같이 찍은 사진이다.

원 부장의 전보가 있었습니다. 즉 루스벨트 대통령은 인도 문제가 완전히 해결되면 이와 동시에 한국 독립 승인을 선포하려 했으나, 인도 문제가 해결되지 않은 현재 상태에서 대한민국 임시정부를 승인하는 것은 시기상조라는 견해를 피력했다는 것입니다. 쑹 부장의 전보가 있은 뒤 위원장님의 지시에 따라 이 문제를 외교부에 넘겨 연구하도록 했습니다. 외교부의 두 차장과 국방최고위원회 왕량처우王亮疇 비서장은 대한민국 임시정부 승인 문제를 잠시 보류하는 게 좋겠다는 연구 결과를 내놓았습니다. 다만 언제가 대한민국 임시정부 승인을 위한 적당한 시기인지 면밀히 주시하고 연구하여 결정한 뒤 다시 미국 측과 협상을 진행할 것이라고 했습니다.[5]

1941년 12월 9일 일본의 진주만 공격 직후 중국 국민당 정부는 대일 선전포고를 하고 연합국의 일원으로 참전한다. 하지만 전쟁 초기 국면 전환은 결코 연합군 측에 유리하지 않았다. 1942년 2월 싱가포르가 일본에 의해 함락되었다. 1942년 5월 국민당 정부에 대한 연합군의 유일하게 남아 있는 전쟁 물자 보급 통로였던 '버마 루트'도 일본군의 미얀마 침공 이후 영국군이 패전하고 총퇴각하면서 봉쇄되었다. 이로써 국민당 정부와 연합군의 연결도 차단된 상태였다. 그만큼 불리해진 상황에서 미·영은 인도를 참전시켜 국면 전환을 도모하고자 했다. 참전과 독립을 서로 맞바꾸는 것이 루스벨트의 구상이었지만 일단 실패로 돌아간 터였다. 특히 영국으로서는 자신들의 식민지 말레이, 미얀마 등이 일본에 넘어간 상태에서 임정을 승인하는 것이 식민지에서 자국의 지위를 심각하게 위협받을 수도 있는 일이었다. 임정 승인을 보류한 것은 이런 객관적인 전황과 맞물려 있었다. 미·영의 지원에 사활이 걸린 장제스의 국민당 정부는 여기에 대해 자신들의 입장을 관철시킬 조건이 아니었다는 말이다. 특히 둥베이 삼성으로 소련이 남진하는 것을 견제하고자 하는 '소련 문제'에 대해 객관적 이해를 주장할 수 있었지만, '인도 문제'의 시급성에 의해 가로막힌 형세라고도 할 수 있었다.

1943년 7월 5일 양원주는 우궈전吳國楨 외교부 차장에게 「대한민국 임시정부 승인 시기 문제」라는 꽤나 긴 보고서에 그동안의 상황을 요결하면서 '지금'이 승인의 적기라고 말하고 있다. 이제 당시까지의 중국의 '선승인' 입장은 사라지고, '미·영 상의하에' 미·영·중 3국이 공동으로 승인하되, 제1차 세계대전 당시 미국이 체코 인민위원회를 승인한 것처럼 임정을 '공동작전 단체'로 승인하자는 입장을 표명하고 있는 것이다. 여기서 처음 등장하는 '공동작전 단체'는 '사실상의 정부'를 '교전 단체belligerent'로 승인해 국제법적 교전권을 부여하는 것이다. 즉 이는 임정 승인을 의미하는 것이기도 하다.

우吳 사장님 보십시오. 지금이 대한민국 임시정부를 승인할 적당한 시기인지 연구해보라는 지시를 받고 이 문제의 처리 경과와 의견을 정리했습니다.

임정, 거절당한 정부

一. 경과

31년(1942) 4월 2일, 외교부에서는 충칭에서 활동하고 있는 대한
민국 임시정부 승인의 이해득실을 소상히 개진한 보고서를 위원장
께 올려 결재를 청했습니다. 이에 위원장께서는 '완緩', 즉 대한민
국 임시정부 승인을 잠시 보류하라는 지시를 내리셨습니다. 같은
해 12월 15일 중앙 당부는 총재와 상무위원회의 지시를 받아 원칙
적으로 다른 나라에 앞서 우리 정부가 대한민국 임시정부를 승인하
기로 결정했으며, 승인을 선언할 적당한 시기는 외교부에서 총재의
지시를 받아 선택하라는 편지를 보내왔습니다.

32년(1943) 2월 4일, 대한민국 임시정부는 한국광복군의 지위를
제고하기 위한 목적에서 마련한 '중한호조군사협정초안'을 외교부
에 보내왔습니다. 당시 우리 정부는 여전히 대한민국 임시정부를
승인하지 않은 상태인지라 외교부는 협정 초안에 대해 어떤 답변도
내놓지 않았습니다. 다만 협정 초안을 허何 총장과 중앙 당부 우吳
비서장이 참고할 수 있도록 대신 전달했을 뿐입니다.

二. 승인의 시기 문제

우리 정부가 충칭에서 활동하고 있는 대한민국 임시정부를 승인하
는 것은 단지 시간문제일 뿐입니다. 우리에게 유리한 적절한 시기
를 선택하여 대한민국 임시정부 승인을 선언할 필요가 있습니다.
연구 결과 지금이 미국 및 영국과 협의하여 대한민국 임시정부를
승인할 적당한 시기라고 결론 내리게 되었습니다. 그 이유로 아래

의 몇 가지를 들 수 있을 것입니다.

(一) 카이로 회의에서 중·미·영 3국의 영수는 적당한 시기에 한국이 자유 독립의 지위를 누릴 수 있을 것이라고 보증했습니다. 만약 우리 정부가 지금 대한민국 임시정부를 승인한다면, 이는 카이로 회의의 결의를 이행하는 것이기에 명분과 실제에 부합합니다. 이 점이 지금 대한민국 임시정부를 승인해야 하는 첫 번째 이유입니다.

(二) 지금 소련은 일본과 여전히 정상적인 외교관계를 유지하고 있습니다. 우리가 대한민국 임시정부를 승인한다면 설사 소련의 찬동을 얻지 못한다 하더라도 최소한 공개적으로 반대하지도 못할 것입니다. 장래 소련이 정식으로 대일 선전포고를 하고(주소 대사의 보고에 따르면 그럴 가능성이 매우 크다고 합니다) 소련 경내의 한인들로 또 다른 대한민국 임시정부를 조직하여 일방적으로 이를 승인할 수도 있을 것입니다. 만일 지금 승인하지 않고 그때 가서야 우리가 충칭의 대한민국 임시정부를 승인하려 한다면 많은 어려움이 따를 것입니다. 미국과 영국 두 나라의 동의를 얻어 즉시 대한민국 임시정부를 승인한다면 일을 진행하는 데 별다른 어려움이 없을 것입니다.

(三) 과연 대한민국 임시정부가 모든 한인의 지지를 얻고 있는가 하는 의구심, 한국 혁명 진영 내부의 분열와 같은 문제들이 지금까지 대한민국 임시정부의 승인을 주저하게 만든 가장 큰 요인이었습니다. 그러나 지금은 이런 문제들이 거의 해결되었습니다. 목하 대한민국 임시정부 내부는 통일을 이루었으며, 한국 혁명 진영의 각

당파는 잘 단결되어 있습니다. 대한민국 임시정부를 제외하고는, 연합국이 따로 승인할 만한 어떠한 한국의 임시 조직도 찾아볼 수 없습니다. 지금 우리가 미국, 영국과 협의하여 대한민국 임시정부를 승인한다면 대한민국 임시정부의 지위가 현저하게 상승되고 더불어 역량도 크게 강화될 것입니다. 장래의 중한 관계를 위해서라도 대한민국 임시정부를 승인할 적절한 기회를 놓쳐서는 안 될 것입니다.

三. 승인의 절차와 방식 문제

이상의 이유에 근거해 살펴볼 때 지금이야말로 우리가 대한민국 임시정부를 승인할 가장 적당한 때라고 할 수 있습니다. 승인의 방식과 시기는 미국, 영국과 상의해서 결정해야 할 것입니다. 이 과정에서 우리는 제1차 유럽 전쟁 시기 미국이 당시 파리에서 활동하고 있던 체코 인민위원회를 승인했던 방식으로 대한민국 임시정부를 공동작전 단체로 승인해야 한다고 주장하는 것이 좋을 듯합니다. 승인의 절차와 방법에 대해 아래와 같이 정리해봤습니다.

(一) 우선 미국과 상의하여 카이로 회의에서 3국의 영수가 선언한 성명에 근기하여 중국과 미국이 동시에 대한민국 임시정부를 승인할 수 있기를 바란다는 우리의 희망을 전달할 필요가 있습니다. 미국 측에서 영국과도 협의하여 3국이 공동으로 승인을 선언할 것을 주장하면 우리는 그대로 따르면 될 것입니다. 그렇지 않으면 먼저 미국의 동의를 얻은 뒤에 영국과 협의를 진행하면 될 것입니다.

(二) 소련 방면에는 미국과 영국의 동의를 얻은 뒤에 통지하면 될 것입니다. 소련에는 단지 승인한다는 사실만을 알리면 될 것입니다(물론 소련의 양해를 얻을 수 있다면 더욱 좋을 것입니다). 대한민국 임시정부를 승인한 뒤에는 어떻게 하면 한국광복군의 실력을 강화할 수 있는지 방법을 구체적으로 강구해야 할 것입니다. 한국광복군의 실력이 증대되면 우리 국군과 협력하여 일본의 붕괴를 앞당길 수 있을 것이며, 장래 한국의 국내 치안 유지에도 활용될 수 있을 것입니다. 한국광복군 문제는 군사 당국에 맡기는 것이 좋겠습니다.

이상 각 항의 의견이 타당한지 살펴보시고 대한민국 임시정부에서 보낸 성명서와 비망록을 위원장께 올릴 때 같이 보고하여 지시를 받는 것이 좋을 듯합니다.”[6]

1944년 5월 나치 정권이 붕괴된 이후인 1944년 7월 1일 임정은 재차 「반침략 전쟁에서 한국의 임무」라는 비망록을 발표하는데, 그중 임정 승인의 근거로 제시한 아래의 ‘12가지 이유’를 보자. 지금까지 미·영·중이 임정 승인 불가의 이유로 내부 분열을 들었지만 이제 그 문세도 일단락되었으니 “임시적, 전략적, 정지적 성격을 지닌 것이지 결코 영구성을 띠는 것이 아닌” 그런 의미에서의 승인을 다시금 촉구하고 있는 것이다.

二. 대한민국 임시정부가 마땅히 승인을 얻어야 하는 이유

대한민국 임시정부 승인은 연합국에 유리할 뿐만 아니라 전략상으로도 반드시 필요한 조치다.

(一) 대한민국 임시정부는 한국 독립군을 영도하는 유일한 기구다. 따라서 반드시 대한민국 임시정부를 승인해야 한다.

(二) 대한민국 임시정부는 26년의 유구한 역사를 가지고 있으며, 한국 독립운동을 영도하는 유일한 기구다.

(三) 대한민국 임시정부는 해외에서 전개되고 있는 한국 독립운동을 영도하는 유일한 기구일 뿐만 아니라, 시기가 성숙되면 한국 국내에서도 막대한 역량을 발휘할 수 있다.

(四) 대한민국 임시정부를 승인함으로써 한국 국내외 혁명 세력의 단결을 촉진할 수 있을 것이다. 뿐만 아니라 대규모 전투 단체를 형성하여 연합국과의 공동작전에 참여할 수 있을 것이다.

(五) 대한민국 임시정부를 승인함으로써 일본이 한국 경내에 괴뢰적 독립 단체를 조직하는 것을 막을 수 있다.

(六) 대한민국 임시정부는 국토가 광복된 뒤 1년 이내에 국민 대표 대회를 소집하여 헌법을 제정하는 등 장래에 정식 정부의 기초로 기능할 것이다.

(七) 우리가 요청하는 대한민국 임시정부 승인은 임시적, 전략적, 정치적 성격을 지닌 것이지 결코 영구성을 띠는 것이 아니다.

(八) 대한민국 임시정부가 승인되면 한인들은 더욱 적극적으로 반침략 전쟁과 전후 평화 정착을 위한 작업에 참여하게 될 것이다.

(九) 대한민국 임시정부가 정식 승인되면 조차 물자를 수월하게 획득할 수 있게 될 것이다. 우리는 법률상 승인이 어렵다면 사실상의 승인도 받아들일 준비가 되어 있다.

(十) 한국인들이 온갖 어려움을 무릅쓰고 활동을 벌이고 있는 목적은 단순히 생활을 위해서가 아니다. 적극적으로 대일항쟁에 참여하여 조국의 자유해방을 얻기 위해서다. 이런 이유에서도 대한민국 임시정부는 반드시 승인되어야 한다.

(十一) 과거 연합국은 한국 혁명 진영 내부의 통일이 이루어지지 않고 연합국 간에 양해가 이루어지지 않았음을 이유로 대한민국 임시정부를 승인하지 않았다. 그러나 이런 문제들이 이미 해결된 지금은 마땅히 대한민국 임시정부를 승인해야 할 것이다.

(十二) 한국인이야말로 일본을 가장 잘 이해하는 민족이다. 한인의 특수한 지위는 적을 궤멸시키는 과정에서 유리하게 작용할 수 있을 것이다. 이 점 또한 반드시 대한민국 임시정부를 승인해야 하는 이유의 하나다.

이상의 관점에서 살펴볼 때 유관 각국은 결코 대한민국 임시정부 승인 문제를 소홀히 해서는 안 될 것이다. 우리 한인들은 미국과 영국이 앞장서서 대한민국 임시정부 승인 문제의 중요성을 인식하고 행동으로 보여줄 것으로 믿고 있다. 대한민국 임시정부를 승인함으로써 세계는 비로소 평화와 안정의 길로 접어들 수 있을 것이다.[7]

그러나 임정 비망록이 제출된 같은 달 1944년 7월 12일 중국 외교부는 장제스에게 아래와 같은 보고서를 제출했고 장제스는 그대로 진행하라는 지시를 내린다. 핵심은 미·영과의 공동 보조에 있었다. 그리고 여전히 임정의 대표성 문제와 소련 문제를 근거로 제시한다. 특히 카이로 회담을 놓고 조선의 독립 승인과 임정의 승인 문제를 전혀 별개의 사안으로 준별하고 있다.

대한민국 임시정부 승인 문제에 관해 외교부는 31년(1942) 4월 2일 그 이해득실을 따져 자세한 보고서를 위원장께 올린 적이 있습니다. 같은 해 12월 15일 중앙당부 비서처는 총재와 상무위원회의 지시를 받아 원칙적으로 다른 나라에 앞서 우리 정부가 대한민국 임시정부를 승인하기로 결정했으며, 승인을 선언할 적당한 시기는 외교부에서 총재의 지시를 받아 선택하라는 편지를 보내왔습니다. 카이로 회의 이후 대한민국 임시정부 승인 문제는 이미 중국 한 나라만의 문제가 아니라고 생각합니다. 이 문제에 대해서는 마땅히 영·미 두 나라와 일치된 행동을 보여야 할 것입니다. 대한민국 임시정부를 승인하는 데 있어서는 두 가지 문제를 고려해야 할 것입니다.

첫째, 과언 대한민국 임시정부가 모든 한인의 의사를 대표하는 기구인가 하는 부분입니다. 미·영 두 나라는 여전히 이 부분에 대해서 의문시하고 있는 듯합니다. 더구나 카이로 회의 공보에는 '적당한 시기'에 한국의 독립을 승인한다는 구절이 있습니다. 이는 장래 한국의 독립을 승인한다는 것이지 현재 충칭에서 활동하고 있는 대

카이로 회담에 함께한 장제스, 루스벨트, 처칠.

한민국 임시정부를 승인한다는 것은 아닙니다. 결국 전후 한국의
독립을 승인하는 것과 현재의 대한민국 임시정부 승인 문제는 전혀
별개의 것이라는 점입니다. 미·영 두 나라가 아직 시기가 성숙되지
않았다는 이유로 대한민국 임시정부 승인을 주저하지 않을까 염려
됩니다.

둘째, 소련의 태도입니다. 소련은 카이로 회의에 참가하지 않았을
뿐만 아니라 지금까지도 한국 독립 문제에 대해 아무런 표시도 하
지 않고 있습니다. 소련이 아직 태평양 전쟁에 참가하지 않은 지금

임정, 거절당한 정부

상태에서 중·영·미 삼국이 대한민국 임시정부를 승인한다면 소련
의 오해를 불러일으키지 않을까 염려됩니다. 영국과 미국도 분명
이 점을 고려하고 있을 것입니다. 목하 소련과의 우호적인 관계를
고려하여 우리도 소련의 태도가 어떠할지 신중히 고려할 필요가 있
습니다.

이상 두 가지 문제를 고려할 때 우리도 대한민국 임시정부 승인 문
제를 급하게 서두를 필요는 없다고 생각합니다. 이후 외교부에서는
위원장의 지시대로 대한민국 임시정부를 승인할 적당한 시기가 언
제인지 주의를 기울여 연구하고 수시로 미·영 두 나라 당국과 연계
를 가질 것입니다.[8]

1944년 10월 13일 국민당 조직부장 우테청吳鐵城은 임정 승인
문제에 관해 장제스에게 보고한다. 임정 승인에 대한 미·영·소 3국
의 합의가 불가능해 보이는 조건에서 임정에 대한 지원, 특히 임정
요인들의 귀국에 협조해서 전후 활용 가능성을 염두에 두자는 방
안으로 보인다.

총재께 올립니다. 일전에 내리신 미소시진未篠侍秦 전문에서 총재께
서는 '대한민국 임시정부에 대한 적절한 지도 방법과 향후 한국 정
세의 변화에 대응할 방법을 연구하여 보고하라'는 지시를 내리셨습
니다. 이에 각 유관 기관 책임자들과 이 문제를 토의하고 연구한 결
과를 정리하여 보고드립니다.

(一) 한국 문제와 관련된 모든 사무에 있어 우리 정부는 응당 미·영·소와 행동을 일치시켜야 할 것입니다. 다만 이 과정에서는 우리가 주동적인 자세를 취하여 맹방의 의견을 우리의 주장에 일치시켜야 할 것입니다.

(二) 현재의 상황을 관찰해볼 때 미·영·소가 대한민국 임시정부 승인에 의견의 일치를 이루게 하는 것은 불가능해 보입니다. 그렇지만 우리 정부는 대한민국 임시정부에 대해 앞으로도 지속적으로 다방면에 걸쳐 실제적인 지원을 아끼지 말아야 할 것입니다.

(三) 전후 대한민국 임시정부의 정식 귀환이 불가능해 정권을 집행할 수 없을 경우, 우리 정부는 대한민국 임시정부 요인들이 국내 공작에 참여할 수 있도록 귀국에 협조해야 할 것입니다.

(四) 즉각 정부에서 인원을 한성漢城에 주재시켜 연락과 관찰 임무를 수행하도록 하는 것이 좋을 듯합니다.

이상의 의견들이 타당한지 살펴보시고 지시해주시길 바랍니다.9

장제스는 아래처럼 1944년 10월 27일 미·영과의 한국 문제 협의에서 기존 정책을 견지할 것을 지시하고 있다. 조선 독립을 위한 지원은 계속하되 임정 승인은 미·영과 보조를 맞춘다는 의미다. 그리고 전후 조선의 '국제 공동 관리'에 대해서는 둥베이 삼성, 곧 만주 문제가 있기 때문에 유보적인 입장을 취한다.

지난번 올린 보고서는 잘 받았습니다. 미·영 대사관에서 보낸 '한국문제공동연구강요초안韓國問題共同硏究綱要草案'에 대해 동의한다고 전해주기 바랍니다. 아울러 우리도 공동 연구에 참여하여 의견과 정보를 교환하고 싶다는 적극적인 참여 의사를 밝히는 것이 좋을 것입니다. 장래 미·영 당국과 의견을 교환할 때 한국의 조속한 독립을 위해 지원을 아끼지 않겠다는 우리의 기존 정책을 쉽게 포기한다면 한인들의 실망을 자아낼 것이니 이 점 주의하기 바랍니다.

전후 한국을 국제 공동 관리 아래에 두는 문제 역시 주의할 필요가 있습니다. 만일 한국의 국제 공동 관리를 섣불리 받아들이면 장차 둥베이 삼성의 주권을 완전히 수복하는 데 혹 문제가 발생하지 않을까 염려됩니다. 이상의 문제들을 왕량처우 비서장과 면밀히 검토하고 연구해 보고해주길 바랍니다.[10]

장제스는 1944년 11월 15일 위의 '한국문제공동연구강요초안'의 연구와 관련한 외교부의 연구안에 대해 다음과 같은 의견을 제시한다. 안의 핵심은 미·영·중 3국의 한반도 군사적 공동 점령이다. 소련이 여기에 참여를 희망하면 같이 할 수도 있다는 정도로 요약된다.

외교부 쑹 부장 보십시오. 10월 27일 (酉沁侍祕丙) 전문을 잘 받았으리라 생각합니다. 왕량처우 비서장이 쑹 부장 등과 '한국문제공동연구강요초안'에 대해 연구를 진행한 결과 마련한 '우리가 제출할 방안' 5개항 및 '협의 과정에서 양보할 수 있는 최후의 선에 관한 내정 방침' 6개항을 제출하고 결재를 청했습니다. 상기 방안 가운데 제1항 내 '한국 국내의 단결과 통일을 이룰 수 있도록 극력 협조한다'는 내용은 삭제하는 것이 좋을 듯합니다. 나머지 각항의 조문은 원칙적으로 문제가 없을 것으로 생각합니다. 다만 우리가 앞장서서 방안을 제출할 필요는 없고, 미·영 등이 먼저 방안을 제시하면 이 방안을 참작하여 우리도 방안을 제시하는 것이 좋겠습니다. 왕 비서장이 올린 보고서 초본을 함께 보내니 참고하시기 바랍니다.

여기서 언급된 왕량처우 비서장의 보고서 초본의 내용은 이렇다. 종전과 동시 완전 독립 방안은 아니다. 즉 임정 승인 문제는 미·영과 '협의'하되, '국제 협조 제도'와 같은 국제 공동 관리 기구를 만들어 일정 기간 조선을 공동 관리하자는 방안이다. 사실상 '신탁'안과 본질적인 차이는 없는 셈이다.

일전에 위원장께서는 西銑侍秘字 제24494호 전문에서 외교부에서 미국과 영국이 제안한 '한국문제공동연구강요초안'을 올렸으니 연구하여 보고하라는 지시를 내리셨습니다. 지시를 받고 연구를 진행하던 차에 재사 같은 뜻을 담은 西感侍秘字 세24640호 전문을 받았습니다. 이에 왕스제王世杰 주임, 쑹쯔원 부장과 회동하여 토의하고 연구한 결과를 아래와 같이 정리하여 보고드립니다.

우리가 제출할 방안

(一) 맹군盟軍의 군사 점령 기간 동안 한국에 가능한 모든 협조를 제공한다. 이 기간에 민정과 관련한 모든 사항은 한인들이 스스로 처리할 수 있도록 배려하는 동시에 한국 '임시 정권'의 존재를 승인하여 한국 독립의 기초를 마련할 수 있도록 한다.

중·미·영 3국은 위에 언급한 '임시 정권' 승인 문제에 관해 상호 협의를 진행하고 일치된 행동을 취한다. 만일 소련이 협의 과정에 참여하기를 원한다면 참가를 환영한다.

(二) 대일 군사 작전이 종료된 뒤 한국의 치안 유지를 위해 맹군이 한국 내의 중요 거점을 점령하도록 한다. 점령 기간은 한국 정부를 정식으로 승인할 때까지로 한다.

(三) 한국 정부를 정식 승인한 뒤에는 중·미·영 3국이 한국 정부의 안전을 보증해야 한다. 중·미·영 3국은 한국 정부를 정식 승인하기 전에 상호 충분한 협의를 갖고 보조를 일치시킨다. 만일 소련이 협의 과정에 참여하기를 원한다면 참가를 환영한다.

(四) 장래에 국제 평화 조직이 성립되면 즉각 한국이 이 조직에 가입할 수 있게 한다. 한국이 국제 평화 조직의 회원국 자격을 취득한 뒤 한국의 독립 지위 또한 국제적 보장을 얻을 수 있을 것이다.

(五) 국제 평화 조직에 가입한 뒤 한국의 독립 문제는 진일보된 결론을 얻을 수 있을 것이다. 국제 평화 조직은 한국의 독립을 보증할 수 있도록 협의를 진행한다.

협의 과정에서 양보할 수 있는 최후의 선에 관한 내정 방침

(一) 위 방안의 제1항

(二) 위 방안의 제2항

(三) 한국 정부를 정식 승인한 뒤 마땅히 중·미·영 3국이 동시에 임시 국제 협조 제도를 실행해야 할 것이다.

중·미·영 삼국은 한국 정부 정식 승인 문제를 사전에 상호 협의하고 일치된 행동을 취한다. 만일 소련이 협의 과정에 참여하기를 원한다면 참가를 환영한다.

(四) 위 방안의 제4항

(五) 국제 협조 제도의 구체적인 방법은 중·미·영 3국을 비롯한 관계국의 상의를 거쳐 집행을 책임진다(우리는 우선 외교부에서 방법 초안을 마련하여 결재를 받도록 한다).

(六) 국제 협조 제도는 참가국 다수가 동의하면 언제든지 폐지할 수 있다. 다만 그 유효 기간은 3년을 넘지 않는 것을 원칙으로 한다.

우리 입장에서 볼 때 전술한 제출 방안이 가장 이상적인 해결 방법이라 할 수 있습니다. 만일 미·영 등 관계국이 이 방안에 동의하지 않을 때에는 협의 과정에서 양보할 수 있는 최후의 선에 관한 내정 방침에 기순하여 미·영 등과 협의를 진행하면 될 것입니다. 이상의 의견이 타당한지 살펴보시고 의견 주시기 바랍니다.[11]

1944년 12월 4일 국민 참정회 제3기 제3차 대회에서 '속히 대

한민국 임시정부를 승인하도록 정부에 청하는 안'이 통과되어, 국방최고위원회 제148차 상무 회의는 상기 건의안을 "행정원에 보내도록" 결의했다. 참정원 위원 후추위안 등 36명이 제안한 것이었다.

국민 참정회 제2기 대회에서 정중하게 '적당한 시기에 자유 대한민국 임시정부를 승인한다'고 결의한 지 이미 3년이 지났다. 이제 일구_{日寇}의 붕괴가 멀지 않은 상황에서 한국에 군대를 상륙시켜 일본과 둥베이 간의 연락을 차단할 전략적 필요성이 날로 절실해지고 있다. 이 단계에서 어떤 방법으로 동북의 안전과 동아의 평화를 확보할 것인지 우리는 심각하게 고려해야 할 것이다. 지난 수년간 우리 정부와 대한민국 임시정부는 사실상의 외교적 왕래를 지속해왔다. 또한 한국 내 각 당파의 통일도 이미 완성된 상태다. 각 맹방에서는 대한민국 임시정부를 승인해야 한다는 여론이 점차 대세를 이루고 있다. 우리가 대한민국 임시정부를 승인하기 전에 염려하고 고려해야 했던 모든 문제가 이제 다 해결된 것이다. 일구에 시달리며 노예와 같은 삶을 영위하고 있는 한국과 기타 동아 각 약소민족의 항일운동을 고취하고, 전후 우리 둥베이 지역의 안전을 확보하기 위해서는, 지금이야말로 즉시 대한민국 임시정부를 승인할 적당한 시기라고 판단된다. 이에 정부가 합당한 조치를 취해주기를 청하는 바다.[12]

그러나 결국 임정 승인은 이뤄지지 않았다. 미·소 양군의 분할 점령 이후 국민당 정부 군사위원회는 「한국 문제 및 베트남 당파 지도 문제 협의 토론 강목綱目 및 군사위원회 의견」에서 다음과 같이 고백처럼 토로한다. 즉 중국은 이미 '주도권을 상실한 상태'였다!

(一) 현실 상황을 직시해야 할 것이다. 한국 문제는 이미 복잡성을 띠게 되었다. 우리 나라 단독으로 원조할 단계를 지나 중·미·소 3국이 공동으로 원조의 손길을 뻗쳐야 할 단계에 접어들었다. 미국과 소련의 군대가 한반도의 남과 북에 진주해 있는 현재 상황에서 한국 문제에 대해 이미 우리는 주도권을 상실한 상태라 할 수 있다. 더 이상 한국 문제에 대해 주저할 수 없다. 신속히 대한 방침을 결정할 필요가 절실하다.

한반도의 전후 처리와 관련해 종전 전 중국 외교부를 중심으로 여러 시나리오가 검토된 것으로 보인다. 그 가운데 린딩핑林定平은 종전 후 「한국의 독립을 지원하기 위한 계획 초안」에서 이렇게 쓰고 있다. 특히 '자유프랑스'를 모델로 삼아 임정의 '민족해방위원회' 개칭을 제안하면서, 이미 살펴본 1943년 7월 외교부 극동국장 양윈주가 제안했던 '공동 교선交先 단체'로 승인하는 시나리오를 제안한 점은 흥미로운 대목이다. 교전 단체로 승인한다는 것은 임정을 사실상 승인하는 것과 다를 바 없기 때문이다.

임정, 거절당한 정부

(1) 연합군이 한국 영토로 진입을 개시하면 중·미·영 삼국은 즉시 충칭의 대한민국 임시정부(이때 대한민국 임시정부를 한국민족해방위원회(잠정)로 개칭하는 것을 고려해볼 수 있다)를 공동작전단체Co-belligerent로 승인하고 발전을 돕는다.

(2) 중·미·영 삼국은 한국 민족해방위원회가 한국광복군을 인솔하고 연합군을 따라 한국 영내로 진입하여 연합군의 지휘 아래 한국의 정치와 군사 등 각종 공작을 진행할 수 있도록 협조한다.

(3) 연합군이 한국 진입에 성공한 뒤 중·미·영 삼국은 즉시 군정부를 조직하여 해방구에서 군정 통치를 시행한다.

그 외에도 쑨빙첸孫秉乾은 「한국 독립방안」(소련이 참전하지 않은 경우)에서 아래와 같이 쓰고 있다. 다분히 지정학적 접근을 취하면서 그는 한반도를 중국 국방에 있어 '전략적 요충'이라 규정하고, 소련과의 분쟁은 회피하되 미국이 역내 헤게모니를 행사하는 것이 중국에 가장 유리한 시나리오가 됨을 말하고자 한다.

(…) 二. 한국은 일본의 대륙 침략을 위한 발판이자 둥베이 4성 장악을 기도하는 소련에게는 이 지역으로 통하는 통로와 같은 곳이다. 또한 중국의 국방 문제에 있어 한국은 병풍과 같은 존재이기도 하다. 즉 한국은 중·소·일 삼국의 국방에 있어 절대 놓칠 수 없는 전략적 요충인 것이다. 그러나 전후 중국은 국력이 미약할 것이 분명하여 둥베이를 독자적인 힘으로 완전히 장악할 수 있을지 미지수다. 이

점을 염두에 두지 않고 과도하게 한국 문제에 참여하게 되면 혹 소련과 분규가 발생하여 건국대계에 영향을 미치지 않을까 염려된다.

三. 그러나 만일 소련 세력이 한국을 장악하는 사태가 현실화되면 중국의 국방에 가해질 위협은 더욱 커질 것이다. 따라서 전후 중국은 가능한 한 소련과의 분쟁을 피해야겠지만, 예상 가능한 소련의 행동에 대한 방비 공작은 분명 주의를 기울여야 할 것이다.

四. 현재는 미국이 원동의 정국 변화에서 주도권을 장악하고 있다. 향후 20년에서 30년 내에 미국은 동아에 대한 침략 야심을 갖지 않을 것이다. 오히려 약소민족을 지원하여 정의를 실현하기 위한 의지를 가지고 있으며 이를 행동으로 옮길 것으로 예상된다. 따라서 한국의 독립 건국과 관련한 문제는 미국이 주된 책임을 지도록 청하는 것이 최상의 방책이라 여겨진다. 미국이 한국 문제에 깊이 관여하게 되면 한국의 국제관계에서 균형을 이룰 수 있을 것이고, 이는 전후 장기간의 평화 건설 시기를 필요로 하는 우리에게는 분명 이로운 결과를 가져올 수 있을 것이다. 이상 몇 가지 고려 사항이 본 방안을 마련하는 데 중요한 기초가 되었다.[13]

요컨대 국민당 정부의 임정 정책이 기본적으로 조선의 완전 독립 지원이라는 '순수한' 열망에 의해 규정되었으리라 믿는 것은 국제관계의 냉엄한 힘의 법칙에서 보자면 아주 나이브한 관점이 될 것이다. 여기에는 기본적으로 1895년 청일전쟁 이전 혹은 적어도 '동3성' 실지 회복을 위한 만주사변 이전의 중화주의적 동아시아 패권질서의 복원이라는 다분히 보수반동적인 욕망이 깔려 있는 게 당연하다.[14] 덧붙여 한편으로 체질적으로 매우 이질적인 소련의 남진을 억지하고, 다른 한편으로 소련을 미·영과의 반일 연합전선에 인입해야 하는 복잡한 국제 동학의 방정식이 작동했다. 이미 아시아태평양 지역뿐만 아니라 유럽을 통해 명실상부한 글로벌 패권국가로 등장한 미국의 전후 프로그램을 국민당 정부가 거부하는 것이 현실적으로 불가능한 조건에서 국민당 정부는 대미추수적 입장으로 침로 변경을 택할 수밖에 없었다. 임정 승인 문제는 따라서 이 대미추수주의의 종속변수였던 것이다. 조금 다른 역사적 안목에서 보자면, 장제스 정부가 카이로 회담에서 조선의 독립을 강조했던 것은, 청일전쟁 후 전후 처리 과정에서 조선의 독립을 일본이 열렬히 주장했던 것과 질적으로 크게 다르지 않았다.

2. 미국과 임정 승인

미·영 곧 앵글로색슨계의 임정 및 대 한반도 정책의 인식론적 원형은 흥미롭게도 1930년대 주조선 미국 영사를 지냈고 미 군정기에는 군정정치고문을 지낸 윌리엄 랭던William R. Langdon의 1942년 보고서에서 발견된다. 미 국무부 극동국 소속 윌리엄 랭던이 쓴「한국 독립 문제의 몇 가지 측면들Some Aspects of the Question of Korean Independence」이라는 1942년 2월 20일자 비망록은 당시 극동국 국장에 의해 국무부 차관 웰스에게 보고된다. 이 보고서는 요컨대 '적어도 한 세대 동안'은 한국이 독립 이전에 열강의 보호, 지도 및 지원을 받아야 한다는 점을 강조한다.

한국인은 정치적 경험 부족과 무방비 때문에 우선 그들의 나라를 어떻게 운영하고 재침략으로부터 보호할 것인지에 대해 방법을 알지 못하는 것이 분명하다. 더욱이 적어도 한 세대 동안 한국인은 열강으로부터 보호, 지도 그리고 근대 국가로 나아가는 데 있어 도움을 받아야 하는 것이 분명하다. 그렇지만 한국인은 똑똑하며, 매사에 빠르고, 기꺼이 배우려고 하며, 진보적이고 애국적이다. 만일 사심이 없는 보호와 지도 그리고 도움이 주어진다면 한국인은 한 세대 안에 그들 스스로 일어설 수 있으며 세계의 번영과 진보에 기여할 것으로 생각된다.

랭던은 나아가 한국의 독립 절차에 대해서도 다음과 같이 제안하고 있다.

도움을 주는 후원 정부는 연합국의 전쟁 목적의 하나로서 한국의 독립을 선포하는 문제와 그 조직을 대한민국 임시정부로 인정하는 문제에 대하여 미국, 영국, 중국 및 소련 정부와 상의할 수 있을 것이다. 중국과 소련은 특히 한국 독립의 실제적인 측면들에 관심이 많기 때문에, 독립을 위한 그 어떤 계획도 그 나라들로부터의 승인은 필수적이다. 물론 그 계획에 대해서 그 두 나라가 아닌 제3의 정부가 후원할 수도 있을 것이다. 연합국이 승리한 다음에, 그 임시정부는 한국에 수립될 것이며, 헌법을 채택하고 제헌 정부를 구성하는 동안 국제위원회의 도움을 받아 국가를 통치할 수 있다.
후원국 정부들은 처음부터 그 국제위원회가 제 기능을 다할 수 있도록 준비해야만 하는데, 국제위원회의 기능이 더 이상 필요 없어질 때까지 운영되어야 할 것이다. 물론 국제위원회의 기능이 필요하지 않다는 결정은 한국인이 하는 것이 아니라 후원국 정부들이 할 수 있을 것이다.

미국은 적어도 중국이나 영국으로부터 동의 없이 서둘러서 한국의 독립을 선언한다든지 한국의 어떤 재야 단체를 한국의 임시정부로 선언해서는 결코 안 될 것이다. 그리고 무엇보다 미국은 일본과의 전쟁에서 확실한 승리가 보장되기 전에는 한국의 독립을 약속해서는 안 된다. 만일 우리가 직접 관할했던 점령지들로부터 일본에 밀리고 있는 상황에서 우리가 아시아의 한 민족에게만 독립을 약속한다면 한국의 대의명분에 해를 끼칠 따름이며, 일본과 그 동맹국들에 웃음거리만 제공할 뿐 아니라 우리 우방국들을 불편하게 만들 따름이다.[15]

한국이 독립에 이르기까지 미·영·소·중 4강의 협의하에 어떤 '국제위원회'를 구성해야 하며, 그 전까지 미국은 한국의 독립을 선언한다든지, 임정을 승인한다든지 하는 일을 결코 해서는 안 된다는 말이다. 물론 랭던의 비망록에는 '신탁통치'라는 말이 직접 등장하지 않지만, 이후 루스벨트와 코델 헐 국무부 장관의 임정 정책의 기본 틀을 이루게 된다.[16] 1945년 얄타 회담에 참석한 미 국무부 장관 스테티니어스E. Stettinius가 국무부 관리들과 회의하다가 한국이 지도상으로 어디에 위치하냐고 물어볼 정도로, 즉 한국이 어디에 있는 나라인지도 모를 정도로[17] 한국 문제는 전후 처리 과정에서 최고 핵심 쟁점이 아니었다. 그런 점에서 당시 손꼽히는 한국통

임정, 거절당한 정부

인 랭던의 보고서는 아래에서 언급하게 될 1944년 토인비의 보고서(4장 3절 137쪽 이하)와 더불어 미·영 고위 엘리트들의 한국에 대한 오리엔탈리즘적인 '무지와 편견'을 고스란히 드러내 보이는 대표적인 사례일지 모른다. 다시 말해 열등성·수동성·정체성 등으로 압축될, 아시아 일반에 대한 '앵글로색슨 오리엔탈리즘' 말이다. 구식민지 국가의 독립을 배제하지 않는 미국의 전후 구상이 낡은 구식민주의와 일정하게 길항관계를 형성하고 있음은 부인할 수 없다. 완전히 새로운 미국 헤게모니 하에 전후 세계질서 구상의 첫머리에 새겨진 '신탁통치'는 인식론적으로 여전히 낡디낡은 오리엔탈리즘에 기반하고 있었음을 알 수 있다. 그래서 랭던은 기본적으로 '편집된' 코리아 상像에서 출발해 성숙/미성숙, 우등/열등의 사회진화론적인 이항대립의 틀에 조선을 구겨넣었다. 조선은 '스스로 자신을 대변할 수 없는, 다른 누군가에 의해 대변되어야만 하는'(카를 마르크스) 그런 존재였다. 신탁통치안의 본질을 이보다 더 잘 표현한 구절은 찾기 어려울 것이다. 이러한 신념 내지 상식 체계는 의식적이건 무의식적이건 미·영은 물론이고 소련 역시 일정하게 공유하고 있었다고 할 수 있다. 그런 점에서 그것은 기본적으로 식민주의의 개량화된 혹은 그 변주곡이란 비판에서 전적으로 자유로울 수는 없다. 그렇게 미국의 정치군사적 헤게모니는 출발에서부터 구식민지·종속국 인민들에 대한 의외로 미성숙하고 허약한 '타자화Othering'의 덫에 사로잡혀 있었다.

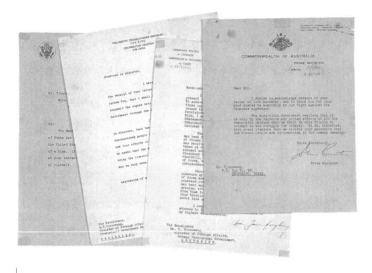

1940년대에 대한민국 임시정부에서 연합국 각국 정부에 외무부장
조소앙의 명의로 낸 외교 공함 사본들.

　미국의 승인을 얻기 위한 임정의 첫 접촉은 1941년 12월 20일
임정 외무부장 조소앙이 주중 대사 클래런스 고스Clarence E. Gauss
에게 보낸 편지에서 이뤄지고 있다. 루스벨트 대통령에게 보낸 편
지에서 조소앙은 아래와 같이 쓰고 있다.

　태평양 전쟁에 관한 자유 한국의 태도에 대해 본인은 다음과 같이
　제안합니다.
　1. 한국 민족 전체는 반침략 운동에 참가하고 추축국에 대한 전쟁
　을 선포한다.
　2. 1910년의 소위 병합조약과 다른 모든 불평등조약은 무효인 반면

　　　　　　　　　　　　　　　　　　　　　　임정, 거절당한 정부

반침략 국가의 특권과 권리는 한국에서 존중받고 유지되어야 한다.

3. 한국인들은 민주주의 진영이 최종적으로 승리할 때까지 일본과의 싸움을 돕는 데 있어 가장 단호할 것이다.

4. 한국은 중국과의 협력을 강화하고 창춘長春과 난징南京의 꼭두각시 조직을 결코 승인하지 않는다.

5. 한국은 루스벨트 대통령과 처칠 수상의 공동 선언을 전적으로 지지한다.

6. 한국은 민주주의 블록의 최종 승리를 기원한다.[18]

하지만 1942년 1월 3일 고스 대사가 국무부 장관에 보낸 「대한민국 임시정부의 현 상황에 대한 보고」는 매우 회의적인 것이었다.

중국 외교부가 지금 진행하고 있는 대한민국 임시정부에 대한 조사와 연구 결과가 그 정부의 차후 태도를 결정할 것임. 본인은 현재 중국의 태도가 그다지 고무적이지 않다고 판단함. 임시정부의 실제 추종자와 조직에 관한 정보는 아직 이곳에서 얻을 수 없음. 충칭 내에는 겨우 200여 명의 한국인이 있을 뿐이라는 보고가 있었음. 중국군과 함께 소규모의 무장 한국인 의용군도 있다고 함. 이곳의 대표는 조소앙이라는 사람으로 스스로를 외무부장이라 말하고 있음. 그와 한국 혁명 세력과의 연계 정도는 확인하기 어려움. 임시정부는 그 세력이 알려지지 않은 온건파 한국독립당에 의해 지배되고 있다고 생각됨. 좌익인 민족혁명당이 만주의 한국인들 사이에서 많

1940년 5월 8일 한국독립당 창당 기념 사진 속의 조소앙 임정 외교부장. 앞줄 오른쪽에서 두 번째다.

은 추종자를 보유하고 있지만, 소위 임시정부 내에서는 자신들의 입지를 확보하지 못하고 있다고 들었음.

이를 바탕으로 하여 주중 대사관에 보낸 미 국무부의 1942년 3월 1일자 훈령은 아래와 같다.

2월 10일 국무부는 본 정부가 독립과 전쟁 참여에 관심이 있는 이 나라의 여러 한국인 집단의 접근을 받고 있다는 사실을 영국 정부에 알리도록 런던 대사관에 지시함. 본 정부가 추축국의 적들로부터 가능한 모든 적극적인 지지를 얻고자 바라고 있기는 하지만, 우리는 지금 한국의 어떤 조직도 일본의 억압에 저항하는 한국인의

임정, 거절당한 정부

주 단체로 '승인'하거나, 차후의 한국 승인에 어떻게든 개입되는 것을 고려하지 않을 것임. 우리는 일본의 억압을 종결시키려 하는 한국인들의 노력에 본 정부가 관심을 가지고 있다는 것을 언론에 일반적인 성명으로 발표할 가능성을 생각해보고 있음. 우리는 이 문제 전반에 대해 영국 정부의 견해를 들을 수 있기를 기대함.

2월 28일 영국 외무성은 미 대사관에 부분적으로 다음과 같은 취지의 비망록을 건넸음. 즉, 영국에는 조직을 결성하기에 충분할 정도의 한국인이 없음. 전쟁 발발 이후 조소앙과 충칭의 다른 한국 조직 대표들은 미국 대사관에 접근했던 것과 같은 방식으로 충칭의 영국 대사관에 접근했음. 영국 대사는 한국인들 사이에 상당한 불화가 있다는 인상을 받았으며 중국 외교부장에게서 중국 국민당 통치 지역의 한국인들이 독립을 목표로 하고 있기는 하지만 정치적 측면에 있어서는 분파가 매우 다양하다는 이야기를 들었음. 중국 당국은 한국인들이 반일 활동에 유용하다는 것을 알고 있지만 정파 차이가 완화될 때까지 한국인들의 자유로운 활동을 어떤 식으로건 승인할 가능성은 없을 것이며 이 목적을 위해서 중국의 거중 조정good offices이 제공되어야 할 것이라고 선언했음. 영국 외무성은 일본에 대한 한국인들의 효율적인 저항 가능성이 만주와 일본에 의해 점령된 중국에서는 아마도 크겠지만 일본과 한국에서는 매우 적을 것이라고 믿고 있음. 일본의 현재 성공이 지속되는 한 미국이나 영국 쪽에서의 공식 선언이나 승인 행위가 일본이 점령하고 있는 지역 전역의 한국인들 사이에서 효과적인 규모의 반응을 끌어낼 수 있을 것 같지 않음. 그러나 전시 상황이 일본에 불리한 쪽으로 바뀌면, 시의적절한 선언이 성과를 끌어낼 수도 있음. 당분간 외무성은 일본 외 지역 한국인들의 차후 접근에 대한 대응을 민족 해방을 위한 한국인들의 열망을 실현하기 위한 노력에 공감을 표하는 것에 한정하도록 할 것임. 이 태도는 중국 외교부장이 지난 10월 25일 김용중에게 보낸 편지에서 취하고 있는 태도임. 중국 정부가 한국 문제에 가지고 있는 관심에 비추어볼 때 승인을 위한 모든 조처는 중국 정부와 협조하는 것이 좋을 것임. 영국 외무성은 미 국무부가 한국 문제에 궁극적으로 취할 조치를 기꺼이 지지할 것임.[19]

조소앙은 1942년 2월 12일 고스를 직접 면담하고 승인 문제를 논의한다. 이 면담의 결과를 고스는 아래와 같이 보고하고 있다.

친애하는 국무부 장관님께

소위 '대한민국 임시정부'에 관해 1941년 12월 20일자로 제가 보낸 248호 전문과 관련하여, 며칠 전 자신을 '임시정부'의 외무부장이라 소개하는 조소앙이라는 사람이 저와의 만남을 청했다는 사실을 보고드립니다. 저는 비공식적으로 그와의 만남을 수락했습니다. 그는 '임시정부'에 대한 미국의 승인 및 재정적, 군사적 원조를 요청했지만, '정부'의 상황에 대한 그의 진술은 아주 모호하고 만족스럽지 못했습니다.

'임시정부'가 중국 국민당 정부의 승인을 받았는가의 여부를 묻자 그는 아직 승인받지 못했다고 인정했고, 자신은 그것이 아마도 일본의 패배 후에 한국을 중국의 종주권에 복속시키고자 하는 중국의 희망 때문이라 생각한다고 낮은 목소리로 완곡하게 말했습니다. 조소앙은 다른 사람들에게는 임시정부가 중국 정부에 의해 '승인될 시점에 와 있다'고 계속 암시해왔습니다. 저는 또한 조소앙이 임시정부가 장제스 총통에게 재정적으로 지원을 받고 있다는 말을 했다는 이야기를 들었습니다. 그러나 이 보고는 확인되지 않았습니다.

중국 외교부와의 접촉을 통해서는 '대한민국 임시정부'와 관련된 가치 있거나 흥미 있는 어떤 결과도 얻지 못했습니다. 중국 관리들은 자신들이 한국인의 조직에 관해 '조사하는 중'이라고 말했지만, 그에 대해 크게 관심을 갖는 모습은 보여주지 않았고 중국 국민당 정부에 의한 승인이 이루어질 것이라고 암시하지도 않았습니다. (…)

한국 독립을 위한 군사 원조의 가능성에 대해서는, 조소앙은 사태를 잘 파악하지 못하는 것 같았습니다. 그는 현시점에서 미국이 무기와 장비를 한국인 애국자들에게 제공하는 게 불가능하다는 것을 인정했지만, 나중에 상황이 진전되어 이것이 이루어질 수 있을 것이라고 암시했습니다.[20]

이 면담 이후 조소앙은 미 대사에게 임정을 소개하는 관련 자료를 송부했다. 반면 주중 대사 고스는 중국 내 한인 활동이라는 전반적인 주제와 관련해 1942년 3월 19일 중국 외교부 극동국장

Director of the Eastern Asiatic Department 양원주 박사와 면담을 진행한 뒤 아래 「별지」 주중 대사관 직원의 자세한 비망록을 첨부해 국무부 장관에게 다음과 같이 보고한다.

양陽 박사가 대략 보여주었듯, 한국 문제에 대한 중국의 공식 태도는 동정적인 것이지만, 국외 한국인들 사이의 명백한 불화와 그들 조직 중 어느 한 조직도 본국의 한국인들 사이에 진정한 추종 세력을 갖고 있다는 것을 보여주지 못하는 상황 앞에서는 어느 특정 집단에 대한 공식 승인을 망설이고 있습니다. 양 박사는 중국은 최종 승인을 향한 단계로, 현재의 파벌을 통합함으로써 중국에서의 한국인들의 활동을 강화시키려 시도하고 있다고 말했습니다.

중국 외교부 차장 푸빙창傅秉常 박사와 본 대사관 관리와의 최근의 일반적인 대화 가운데 외교부 차장은 양 박사가 이야기한 원칙적인 측면을 확인해주었습니다. 아울러 그는 몇 달 전 당시 외교부장이었던 궈타이치郭泰祺 박사가 한국 독립운동의 승인을 건의했지만 장제스 장군이 그 건의를 거부하고 승인을 연기했다는 흥미로운 발언을 덧붙였습니다.

[별지 1]
제목: 대사를 위한 비망록

1942년 3월 19일

　　　　　　　　　　임정, 거절당한 정부

태극기 아래 서 있는 광복군.

저는 외교부 동북아 국장 양원주 박사를 방문해 그와 한국 문제에 대해 한 시간 반 정도 논의했습니다. 다음은 양 박사의 발언을 요약한 것으로, 대부분 제 질문에 대한 대답입니다.

한국인에 대한 중국의 태도를 결정하는 것은 다음 요소들로 인해 복잡하다. (1) 한국인들 사이의 통합 부재 (2) 국외 망명 한국인 단체 중 어떤 단체가 본국의 한국인 사이에서 추종자를 보유하고 대표로 인정받고 있는가를 결정하는 것의 어려움이다.

현재 중국의 한국인들 사이에는 두 개의 주요 집단이 있다. 하나는 '조선민족혁명당'이라 불리며 두 번째는 '한국독립당'이라 불린다. 민족혁명당은 성향과 제휴 단체가 다소 좌익에 가깝다. 독립당은 특정한 정치적 색채가 없다. 민족혁명당은 시베리아에 있는 약 2만 명에 이르는 추종자들의 지지를 받고 있다고 주장한다. 독립당은 미국에 있는 한국인들로부터 많은 지지를 끌어내고 있다. '대한민국 임시정부' 뒤의 주된 세력은 이들이며, '민족혁명주의자'들은 임시정부로부터 거리를 두고 있다(이 당이 최근 발표한 성명에서 임시정부에 대한 지지를 표방하기는 했다. J. S.).

각 집단은 다소 불완전한 군사 조직을 보유하고 있다. 조선민족혁명당의 군사 조직은 조선의용대라는 이름으로 알려져 있으며 김약산의 지휘하에 있다. 임시성부의 소식은 광복군이라 불리며 이청천 장군 지휘하의 다섯 개 부대(아마도 대대)로 구성되어 있다고 한다. 이 부대 중 시안西安에 있는 부대는 200여 명으로 이루어져 있다. 나머지는 대체로 서류상으로만 존재한다.

임정, 거절당한 정부

양쪽 조직은 거의 전부가 일본군에 징집되었다가 중국군에 의해 포로가 되거나 중국군 쪽으로 탈영한 한국인들로 구성되어 있다. 그들은 실제 전투는 거의 해보지 않았고, 참전했다 해도 주로 선전 목적으로 이용되었다.

양쪽 다 중국 군사 당국으로부터 다소 지원을 받았지만(양 박사는 이 부분에 대해서는 모호하게 말했다), 중국군사위원회는 최근에야 공식적으로 임시정부의 군대를 승인했다. 이는 양쪽 군사 조직의 통합을 위한 예비 단계로 간주될 수 있는데, 중국인들은 통합이 곧 실현되기를 희망하고 있다. 중국의 '거중 조정'은 이 목적을 위한 방향으로 이루어지고 있다.

중국인들은 이러한 군사적 통합이 궁극적인 임시정부의 승인을 위한 기반을 조성하는 첫 단계라 생각한다. 두 번째 단계로는 정당의 통합인데 곧 이루어질 것이다. 세 번째는 임시정부의 현재 지도자 혹은 그 자리를 채울 수 있는 연합 조직의 지도자를 한국인들의 지도자로 주장할 수 있는지를 결정하는 것이다.

양 박사는 현재 중국에 있는 임시정부의 김구, 조소앙 및 다른 지도자들의 진정성과 신뢰도에는 의심의 여지가 없다고 믿었다. 그러나 양 박사는 그들이 한국에서 여전히 얼마나 잘 알려져 있고 많은 지지를 받는지에 대해서는—그들이 너무 오래전에 한국을 떠나 있었으므로—다소 의구심을 가지고 있다는 인상을 주었다. 그는 한국은 다른 어떤 나라보다 외부로부터 더 단단히 봉쇄되어 있다고 지적했다.

중국에 있는 조직들의 규모와 지지에 대한 문제가 제기되었다. 쓰

촨四川에는 현재 200여 명의 한국인이 있는데, 그들 대부분이 다양한 조직의 정치인이며 '직업 혁명가들'이다. 산시陝西에도 비슷한 숫자의 한국인이 있으며, 위에서 언급한 한국인 대다수는 포로로 탈출한 뒤 한국군에 합류했다. 임시정부는 미국에 있는 한국인들 사이에서 폭넓은 지지를 받고 있다고 주장하며, 임시정부 대표들은 양 박사에게 자신들이 미주로부터 한 달에 1만 달러씩을 받고 있다고 말했다. 양 박사는 민족혁명당이 공산주의자 쪽(즉 시베리아)에서 지원을 받고 있을 것이라는 암시를 명확히 설명하지 않았다.

양 박사에 따르면 한국 문제에 대한 중국의 전반적인 태도는 독립에 대한 한국인들의 열망에는 동정적이다. 이는 중국 북부에서 한국인들이 밀수, 마약 운송 등을 비롯해 중국에 해가 되는 여러 활동에 활발히 참여한 것에 대한 이전의 분노를 극복하는 것이다. 그러한 활동이 기억된다고 해도 한국인은 일본인에 의해 그런 행동을 하도록 강요받았다는 근거로 양해된다. 양 박사는 한국인들이 궁극적으로는 승인을 얻을 것이라는 확실한 인상을 주었다.

양 박사가 한국 문제에 관한 미국의 정책에 대단한 관심을 가지고 있다는 것은 명백하다. 그는 워싱턴에서 열린 최근의 회의에 대한 정보 및 남미와 북미의 한국인 공동체의 숫자와 세력에 대한 정보를 요청했다. 그는 또한 우리에게 정보를 알려줄 것을 요청했고 자신도 그렇게 하겠다고 약속했다.

존 S. 서비스

여기 미 국무부 장관에게 보고된 별지 속에는 또한 「조선민족혁명당 제6차 전당대표대회 선언」이라는 문건이 첨부되어 있는데 임정 내 '좌파'라 할 약산 김원봉 등 조선민족혁명당의 임정 '승인'에 대한 입장이 드러나 있다. 즉 "폴란드, 네덜란드, 프랑스처럼 민주 국가들의 승인과 조력을 얻은 망명정부의 수립"이라는 국제적 상황 변화가 주된 요인이 되었다는 말이다. 하지만 김원봉 측의 정보는 상당히 부정확한 것이기도 하다. 미·영이 프랑스를 승인한 적이 없기 때문이다. 민족혁명당 역시 승인을 통한 '세계의 민주주의 국가들'로부터의 '조력'에 대한 기대에 근거해서 임정 합류를 결의한 것으로 보인다.

당은 항상 대한민국 임시정부의 문제에 무관심했다. 첫 번째 이유는 임시정부가 우리 국토가 회복될 때까지는 실제로 권위를 행사할 수 없다는 것이다. 두 번째 이유는 임시정부가 다른 나라의 지지나 승인을 받지 못했다는 것이다. 세 번째 이유는 현재의 임시정부가 여러 혁명 조직의 대표도 아니며 한국 국민에 의해 적법하게 선출되지도 않았다는 것이다. 당은 명목상의 임시정부라는 기구를 그저 유지하는 것은 불필요하다는 생각을 견지해왔다. 그러나 최근 상황의 변화로 인해 당은 이런 태도를 포기하게 되었다. 1941년 5월 임시정부에 합류하여 지지한다는 결정이 내려졌는데, 이는 세계의 민주주의 국가들이 현재 반파시스트 블록을 형성해서 파시스트 세력과 전쟁을 치르게 될 것이며 유럽에서는 폴란드, 네덜란드, 프랑스

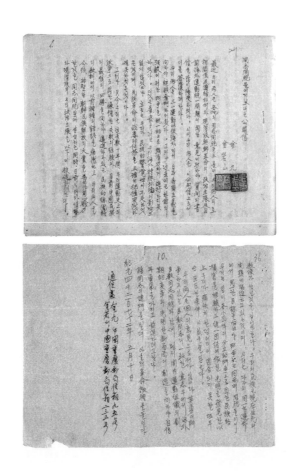

임시정부 김구와 민족혁명당 김원봉이 민족 독립운동 단체의 좌우
통합을 모색하기 위해 발표한 편지 '동지·동포에게 보내는 公開信',
대한민국역사박물관.

처럼 민주국가들의 승인과 조력을 얻은 망명정부가 수립되었기 때문이다. 따라서 그와 유사한 대한민국 정부도 이제 역시 승인과 조력을 얻을 것이라는 희망을 가질 수 있게 되었다. 중국 정부는 한국 정부에 적극적인 조력을 제공하기 위해 준비하는 중이며, 이는 분명히 혁명의 대의에서 커다란 가치를 가질 것이다. 임시정부에 대한 지지를 결정하는 데 있어 당은 임정이 좀더 한국 국민의 대표로 간주되는 방식을 지지한다. 모든 혁명 조직과 단체의 대표 회의가 소집될 것이며 임시정부가 이에 대한 최고 지휘권을 가진다는 것이다. (…)

1941년 12월
조선민족혁명당 의회 제6차 정기회의 발표[21]

1942년 3월 28일에는 중국 입법원장 쑨커의 임정 승인 발언이 나오는데, 특히 쑨커가 쑨원의 아들이라는 점에서 미 대사관은 다시금 상황 파악에 나선 뒤 국무부 장관에게 다음과 같이 보고한다. "대사관은 쑨 박사가 (1) 인도, 인도차이나, 한국 및 다른 민족들의 독립을 주문했으며 (2) 대한민국 임시정부에 대한 승인을 요청한 것이 그의 정부로부터 지시를 받았거나 이전에 양해를 받고 한 것이 아니라 믿음. 그러나 (1)에 대해서는 중국이 인도와 다른 동아시아 국가들의 독립을 원한다는 것에 대해 의심의 여지가 거의 없지만 (2)에 대해서는 중국 외교부가 대한민국 임시정부에 대한 승인은 아직 준비되고 있지 않다고 대사관에 명백하게 언급한 바 있음."22

쑨 원장의 임정 승인 발언과 뒤이어 4월 6일 중국 최고국방회의에 그의 건의문이 제출되자 4월 10일 고스는 국무부 장관에게 다음의 전문을 보낸다.

4월 9일 대사는 외교부 정치 담당 차장으로부터 최고국방회의 4월 6일 회의에서 대한민국 임시정부의 즉시 승인 건의가 쑨커에 의해 제출되었고 다른 당원들이 그 건의를 지지했다는 이야기를 극비리에 들었음. 이 주제에 대해 세 시간 동안 논의가 진행된 뒤 이는 총사령관의 결정에 맡겨짐.

중국 정부가 충칭의 한국인들에 대해 동정적인 태도였고 한국인들에게 파벌 간의 차이점을 해결하라고 권유하기는 했지만, 이 문제에 관한 주요 고려는 다음과 같음. (a) 다른 지역들 중에서 말레이 반도와 네덜란드령 동인도를 염두에 두고 식민지 민족들의 독립을 지금 건의하는 것에 대한 특히 영국의 반응에 대한 우려. (b) 대한민국 임시정부 승인에 관한 러시아 정부가 보일지도 모를 반응에 대한 우려. 이는 대단히 미묘한 문제로 여겨짐. 주안점은 시베리아의 러시아군 내에 두 개의 한국인 사단이 있으며 일본과 러시아 사이에 전쟁이 일어날 경우 이 두 사단은 한국으로의 진격에 이용될 것이며 러시아 정부에 의해 한국에 정부가 수립되는 데 이용될 수도 있다는 것. 만약 그동안 충칭의 대한민국 임시정부가 승인을 받는다면 어려운 상황이 생길 것임. 러시아군 내의 한국인은 러시

　　　　　　　　　　　　　　　　임정, 거절당한 정부

아 시민으로 귀화했다고 말해져왔음에도 불구하고 한국인으로 남아 있다는 것이 지적됨.

이에 대해 국무부는 4월 11일 주중 대사에게 아래와 같은 훈령을 보냈다.

본 정부가 중국 정부와 한국 상황에 대한 정보를 교환하고자 하는 소망 이면의 협조 정신에 대한 표시로, 중국 정부가 대한민국 임시정부 승인 문제에 대해 어떤 결정적인 조처를 취하기 전에 그 문제에 대한 견해와 결론을 미국 정부에 알려주기를 희망하고 있음을 시급히 중국 외교부 차장에게 알리라는 지시가 대사에게 내려짐. 대사에게는 그 자신의 재량에 따라, 추축국에 대항하는 자유운동과 관계된 모든 문제는 당연히 연합국의 다른 국가들이 관심을 가지고 있는 바이며, 이에 관심이 있는 정부들이 실현 가능한 한 협력과 유사한 행동을 취하는 것이 바람직하다고 언급하라는 지시가 내려짐.23

그런데 여기서 국민당 정부 외교부장 쑹쯔원이 루스벨트 대통령에게 보낸 비망록을 루스벨트는 당시 국무부 차관 섬너 웰스에게 전달해 4월 14일 이전에 이 문제에 관해 얘기하자고 한다. 중국 외교부의 입장과 이에 대한 미국의 정책 방향을 알 수 있는 매우 중요한 지점이다.

섬너 국무부 차관.

백악관

워싱턴

1942년 4월 8일

국무부 장관 대리를 위한 비망록

쑹쯔원 박사가 내게 건네준 비망록을 첨부합니다. 14일 화요일 이
전에 이에 대해 내게 이야기해주십시오.

F. D. R.

비망록

대규모 일본 점령군에 의해 억압당한 한국인들의 분위기는 내키지
않는 복종의 분위기이며 여기에는 역사적 부당함에 대한 사무친 원
망의 기억과 함께 한국 남부의 비옥한 쌀 생산 토지를 일본인 지주
들에게 빼앗기고 현재의 시민적, 경제적 무력함으로 억압받는 것이
결부된다.
한국 내에서 산발적으로 일어나는 암살을 제외한다면, 한국인의 불
만은 오직 중국과 러시아에 살고 있는 국민 사이에서만 명백하며,
미국에 살고 있는 한국인들 사이에는 이념적으로 존재한다.

한국 혁명 운동의 주요 지도자들은 충칭에 거주하고 있으며, 한국인의 불만을 대변하는 역사적 정당인 대한민국 임시정부당 소속이거나 혹은 더 젊고 추측건대 좌익으로 추정되는 인물들로 구성된 조선혁명당 소속이다. 미국의 한국인 혁명주의자들은 이 두 정당 중 한쪽의 당원이다. 중국 정부로부터 한정된 원조를 받고 있는 소규모의 한국 국민군이 존재하는데, 중국 북부에서 중국 게릴라와 함께 활동하며 수천 명에 이른다.

시베리아에서 러시아인들은 여러 해 동안 러시아 극동군 안에 한국군 연대를 2개 혹은 3개 부대 정도 포함시켜왔지만 러시아와 일본 사이에 교전이 시작되기 전까지는 이 활동이 강화될 것이라고 기대할 수 없다.

만약 연합국, 특히 태평양전쟁협의회 구성원들이 한국의 독립을 촉진하기를 원한다면, 두 가지 방법이 제시된다.

1. 통합된 한국 혁명 조직에 대한 지원을 약속함으로써 쉽게 실현 가능해 보이는 경쟁적인 두 혁명 정당의 통합을 조장한 다음 5만 명가량이라고 하는 한국 비정규군을 육성하고 무장시키며 지원하는 데 착수한다. 이 군대는 중국 북부의 게릴라 지역에 위치해 한국 내외의 모든 혁명활동의 집결 중심지가 될 것이다. 이러한 군대의 목적은 다음과 같은 것이 된다.

(a) 연합국이 정한 적절한 시기에 한국에서 활동한다.

(b) 한국과 일본의 군수 산업과 핵심 교통 중심지에서 일하는 한국인 노동자들의 사보타주 활동의 본부가 된다.

(c) 한국, 중국 북부, 일본에서 하급 공무원과 경찰로 일하는 한국인들을 통해 첩보 체계를 구성한다.

비정규 활동의 전망은 특히 고무적인데, 독일과 마찬가지로 일본도 노동력 부족으로 인해 대다수의 한국인이 한국, 만주, 일본에서 군수 산업 분야에 채용되었기 때문이다. 거기에다 아편, 모르핀, 헤로인, 매춘, 도박 산업 등을 독점해 중국 국민의 풍속을 문란하게 만들려는 일본 정책의 도구로 다수의 한국인이 일하고 있다. 잘 조직된 체계를 통한다면 이러한 일본 측의 활동은 부메랑이 될 수 있다.

2. 정치적 방법으로는, 적절한 시기에 한국의 열망을 고무하기 위해 태평양전쟁협의회가 전후 한국의 독립을 결정했다고 발표할 수 있다. 대한민국 임시정부의 승인도 동시에 혹은 좀더 후에 시행될 수 있다.

태평양전쟁협의회Pacific War Council는 미국, 영국, 중국, 호주, 네덜란드, 뉴질랜드, 캐나다로 구성되었는데 추후 인도와 필리핀도 가입했다. 하지만 주요 결정은 미·영군 합참에서 이루어졌다. 어쨌든 임정 승인 문제를 이 협의회를 통한 한국 독립 발표 시 혹은 조금 더 후에 하자는 쑹쯔원 외교부장의 비망록에 대해 섬너 웰스 미국무부 차관은 1942년 4월 13일자 서신에서 루스벨트에게 아래와 같이 말한다.

친애하는 대통령께

4월 8일 저에게 보낸, 쑹 박사가 대통령께 건넨 문서를 첨부한 비망록에서 대통령께서는 14일 화요일 전에 쑹 박사의 비망록에 대하여 이야기하자고 요청하셨습니다.

여기에 쑹 박사의 비망록 원본을 돌려드리며 그에 대해 다음과 같은 의견을 제시하고자 합니다.

저는 연합국, 특히 태평양전쟁협의회의 참석국들이 한국 비정규군을 조직하고 무장시키는 것을 도와야 한다는 제안에 완전히 동감합니다. 지리적 요소로 인해 중국이 미국과 충칭의 다른 군사 사절단의 제안과 조력을 받아 이러한 활동을 가장 잘 시행할 수 있는 논리적인 위치에 있습니다. 태평양전쟁협의회가 이 제안을 승인한 후에 대통령께서 본인이 그렇게 하기를 바라신다면, 관련된 실제 단계에 대한 대통령의 고려를 위해 참모부와 해군 본부가 권고안을 정식으로 체계화할 수 있도록 제가 기꺼이 제 연락위원회와 함께 이 문제를 맡을 것입니다.

경쟁적인 한국 혁명 정당의 통합이 촉구되고 대한민국 임시정부 승인이 적절한 때에 허가되어야 한다는 제안에 대해서는, 저는 한국의 주요 혁명 조직은 충칭에 있는 조직과(명백하게 미국 내 한국인 대부분의 지지를 받고 있습니다) 민주 및 중국의 다른 지역에 있는 한국인 집단이라고 들었습니다. 후자는 충칭에 있는 조직과는 직접 연결되어 있지 않는 것이 분명합니다.

저는 충칭의 우리 대사관에 전보를 보내 이 부분에 대해 더 상세한

임정, 거절당한 정부

정보를 요청했고 중국 정부가 이러한 한국인들의 통합 가능성을 둘러싸고 어떤 견해를 가지고 있는지에 대해서 중국 정부로부터의 정보를 요청했습니다.

한국 독립을 결정했다는 태평양전쟁협의회의 발표에 관해서 저는 원칙적으로 이러한 진전에 진심으로 동의합니다. 그러나 그런 성격의 발표를 지금 이 순간에 하는 것이 현명한가에 대해서는 의문이 듭니다. 만약 그런 발표가 오늘 이루어진다면, 저에게는 그 발표가 현실성이 결여된 것으로 보일 것입니다.

일시적으로는 전쟁의 대세가 계속 일본에 유리하게 돌아가고 있습니다. 현재로서는 한국에서 일본에 대항하는 무장 봉기를 기대할 수 없습니다. 더 나아가 인도의 독립 문제가 최근 제기되었지만 여전히 태평양 지역 사람들의 관심의 중심에 있으며, 크립스Cripps 협상이 실패하면 인도를 자유롭게 만드는 영국 정부와 인도인들 사이의 협상 발표를, 더 광범위한 정책 선언의 기초가 되는 근거로 이용하는 것이 불행히도 불가능해집니다.

크립스 협상이 성공했다면 저는 각하께 필리핀 군도의 독립을 승인하고 한국을 독립시키기로 한 결정과 일본이 한때 점령했던 지역에서 사람들의 자유를 재확립하기 위해 모든 영토에서 일본을 몰아내기로 한 것을 확인해주는 태평양전쟁협의회의 발표를 권고했을 것입니다. 간단히 말하자면 저는 네덜란드령 동인도나 미얀마의 상황이 이러한 발표를 가능하게 만드는, 일반적인 해방에 대한 광범위한 정책 발표를 권고하는 것을 염두에 두고 있었지만 불행히도 인도 협상의 와해로 인해 적어도 한동안은 이러한 가능성이 배제되었습니다.

따라서 쑹 박사의 비망록에 대한 저의 당장의 제안은 앞으로 한국군을 조직하고 무장시키기 위해 가능한 모든 일을 하고, 중국인 및 영국인들과 논의해 한국 혁명 정당의 통합을 촉진하고 좀더 적절한 시간까지 대한민국 임시정부에 대한 승인과 미래의 한국 독립에 대한 발표를 미루기 위해 가능한 모든 길을 택하라는 것이 될 터입니다.

진심을 담아,

섬너 웰스[24]

광복군 무장을 강화하고 임정과 둥베이에 있는 한인 독립운동 조직의 통합을 촉진하되 임정 승인은 최대한 미루자는 웰스의 관점은 사실상 이후 미국의 대임정 승인 문제의 최종 방향 같은 것이었다. 특히 웰스가 루스벨트의 총애를 받은 최측근 외교 자문역이었다는 점에서도 그렇다. 그리고 웰스의 이러한 판단에는 인도를 대일전쟁에 끌어들여 전황을 역전시키겠다는 이른바 처칠 정부의 크립스 사설난Cripps Mission 구상이 실패로 돌아간 세 크게 작용하고 있다. 미국은 처칠을 압박해 인도 참전과 인도 독립을 연계하는 구상을 펼쳤지만 인도의 반대로 이 구상이 좌절되고 만 것이다. 따라서 전황은 일시적으로 더 불투명해졌고, 이 상황에서 임정 승인은 오히려 만주에서의 소련을 자극할 수도 있다는 불확실성에 부딪힌 것이다. 이는 고스 대사가 국무부 장관에게 보낸 4월 10일자 전문에서도 확인된다.

워싱턴 D. C.의 존경하는 국무부 장관님께

중국 및 다른 열강의 승인을 구하는 '대한민국 임시정부'의 소망이라는 주제로 4월 10일에 국무부에 보낸 저의 전문을 참고하시기를 바라며, 국무부에 정보를 드리기 위해 4월 9일 제가 외교부 정치 담당 차장 푸빙창傅秉常과 나눈 대화의 기밀 비망록을 첨부합니다. 푸빙창은 최고국방회의가 최근 쑨커 박사가 제의하고 다른 이들, 즉 국민당 원로들이 지지한, 충칭의 '대한민국 임시정부' 승인에 관한 제안을 고려하고 있다고 비밀리에 저에게 알려주었습니다. 회의는 4월 6일 세 시간에 걸친 논의 끝에 장제스 총통에게 중국이 취할 행동을 고려하고 결정해달라며 요청하는 보고서를 제출하기로 결의했습니다.

푸빙창과의 대화를 통해 저는 이 문제에서 주로 고려되는 사항이 미묘한 중국-러시아 관계와 연결되어 있다는 것을 알게 되었습니다. 대략 2만여 명에 이르는 한국인 사단이 시베리아의 러시아군에 통합되어 있다고 이야기되며, 러시아-일본 간의 전쟁이 일어날 경우 이 사단은 러시아가 한국으로 진군하는 데 이용될 것이며 이 한국인 병력은—비록 그들이 러시아 시민으로 귀화했다고 이야기되기는 하지만—러시아 정부가 한국에 일종의 정부 형태를 만들어내는 데 동원될 수 있습니다. 만약 그동안 중국이 충칭의 대한민국 임시정부를 승인한다면 어려운 상황이 발생할 것입니다.

동시에 동양의 '억압받는' 사람들을 해방시키고자 하는 중국의 행동에 관한 영국의 반응에 대한 우려가 표현되었습니다. 이는 말레이반도, 미얀마, 인도만이 아니라 네덜란드령 동인도에도 영향을 미치는 입장인 것입니다.

이 전문의 별지에는 좀더 상세한 비망록이 실려 있다. 푸빙창 외교부 정치 담당 차장은 "자신이 대한민국 '임시정부'의 '외무부장'인 조소앙에게, 외교부 정치 담당 차장으로서가 아니라 한 사람의 혁명가로서 다른 혁명가에게 말하는 것으로, 한국인은 다양한 한국인 파벌 간의 화해 업무에 착수해야 한다고 충고했다"며 미 대사에게 말한 것으로 되어 있다. 그러나 푸 차장은 "이것이 그 문제의 주요 고려 사항은 아니라고 말했"다고 고스는 보고하고 있다. 즉 한인들의 분열보다 실은 러중 관계가 더 핵심이었다.

이러한 움직임에는 누구나 극도로 민감하다고 인정하는 러시아와의 관계를 고려해야 하는 부분이 있습니다. 그는 시베리아에는 두 개의 러시아군 사단에 속한 러시아 국적을 획득한 한국인들이 있다고 말했습니다. 의심의 여지 없이, 러시아-일본 전쟁이 일어날 경우 러시아는 이들 한국인 사단을 일본인들에게 대항하는 데 이용할 것이며 만약 러시아가 한국을 침략한다면 이들 한국인이 일종의 정부를 조직하고 세우는 데 러시아인들에 의해 이용될 가능성이 높습니다. 지금 만약 중국이 충칭의 임시정부를 승인한다면, 러시아는 자신들이 중국의 조처와 조화를 이루지 못하고 있다는 것을 알게 될 수도 있습니다. 물론 중국과 다른 나라들이 대한민국 임시정부를 승인했다면, 러시아가 임시정부의 승인을 거절하지 않을 가능성도 있습니다. 지금 '대한민국 임시정부'에 대한 승인 확장이 러시아-중국 관계에서 바람직하냐 아니냐는 민감한 문제입니다.

4월 18일자로 국무부가 주중 대사관에 보낸 훈령은 아래와 같다.

5. 앞서 나온 내용을 중국 정부에 말하는 데 있어 우리가 다음과 같은 내용을 잘 알고 있다는 점을 반드시 강조할 것. 즉, 지리적, 인종적 요소로 인해 이 문제는 미국보다는 중국의 즉각적인 관심과 더 관련된다는 점. 우리의 견해를 중국 정부에 표하는 데 있어 우리는 오직 중국 정부가 친절하게도 우리 정부에 동조해준 문제에 관해 빠르고 솔직한 대답을 제공하고자 하는 소망에 고무되었다는 점. 우리는 중국 정부가 모든 요소를 주의 깊게, 완전히 검토한 후 가장 현명하다고 생각되어 취하는 모든 조처를 방해할 생각이 없다는 점. 그리고 만약 중국 정부가 자유를 성취하기 위한 한국의 노력에 대한 지지를 발표하는 것에 더해 대한민국 임시정부를 승인해야만 한다면, 우리 정부는 당연히 이 새로운 단계에서 그 입장을 재고할

것이라는 점, 또한 한국 상황에는 이 나라에서 미국에 의한 정부로의 승인을 역시 원하고 있는 다른 다수의 해방운동에 영향을 끼칠 가능성이 있다는 이유로 이 정부가 특별히 주의를 기울여야만 하는 특별한 요소가 있다는 것을 중국 정부에 반드시 언급할 것. 또한 중국 정부에 [미국] 대통령이 2월 23일 라디오 연설에서 한국인들에 대해 언급하면서 한국인이 '일본의 가혹한 전제주의를 겪고 있다'고 말했던 것이며, 대통령은 그 연설에서 또한 우리 연합국은 우리가 추구하는 평화에 있어 특정한 광범위한 원칙에 동의한다고 언급했던 것을 상기시킬 것. '대서양 헌장은 대서양에 면해 있는 세계의 일부만이 아니라 전 세계에 적용되는 것임. 이는 침략국의 무장해제, 국가와 민족의 자결 그리고 네 가지 자유, 즉 언론의 자유, 신앙의 자유, 결핍으로부터의 자유, 공포로부터의 자유임.'[25]

결국 고스 대사는 1942년 5월 19일자 전문에서 쑨커 원장의 임정 즉각 승인 건의와 관련된 상황을 이렇게 정리 보고한다.

그러나 정부를 구성하는—임시적이건 아니건—특정 한국인 조직을 지금 승인하는 것은 다른 문제입니다. 위치를 막론하고 오직 한 사람의 중국 관리만이 충칭의 '대한민국 임시정부'의 승인을 공공연하게 지지합니다. 쑨커 박사가 두 달 전 연설에서 이를 지지했습니다. 명백하게 그의 연설로 인해 최고국방회의에서 이 문제를 서둘러 장시간 논의하게 되었습니다. 합의된 의견은 이 문제에 대한 조처를 연기해야 한다는 것이었습니다. 이 결정에 대한 지배적인 이유는 (1) 한국인 단체 사이의 불화로 '대한민국 임시정부'가 해외에 거주하는 한국인 혹은 한국인 전체를 대변하는 위치에 있지 않다는 것이 명백하며 (2) 인도에서의 영국 문제나 러시아의 대응 가능성을 특히 참고해 이 문제의 국제적인 측면을 고려한 것입니다. 부수적으로, 태평양 전쟁이 발발한 직후 장제스 장군이 당시 외교부장이었던 궈타이치郭泰祺가 '대한민국 임시정부' 승인을 건의했을 때 거부했다는 사실을 언급하는 것도 적절할 것입니다. 중국 정부가 이 문제를 재검토하게 된 것은 인도에 크립스 사절단이 파견된 상황의 영향을 받았다고 생각되며 당시에 '임시정부' 승인은 크립스 사절단이 성공할 것이라는 가정을 전제로 시험적인 결정이 내려졌습니다. 크립스 사절단의 목적 달성 실패는 문제를 보류하게 만든 원인 그 자체는 아니더라도 여러 원인 중 하나이기는 했습니다. (이와 관련해 푸빙창 박사는 〔미국〕 대통령과 쑹쯔원 박사의 관련 대화를 언급했습니다.)[26]

중국 대사관이 국무부 장관에 보낸 1942년 12월 11일자 전문에 다시금 임정 승인 문제가 등장한다. 대담은 조선 독립운동이라는 주제로 조소앙, 엄항섭 그리고 미 대사관 3등 서기관 필립 D. 스프라우스Phillip D. Sprouse와 클럽Clubb이 참석했다.

오늘 점심 식사를 마친 후 조소앙이 한국어로 이야기를 시작했고 엄대위嚴大衛(엄항섭)가 영어와 중국어로 통역을 했는데, 분명히 미리 그에 대해 숙고한 것으로 보였습니다. 그는 현재 상황에서 한국 독립운동을 위해 따라야 할 최선의 절차에 관한 제 의견을 알려달라고 요청하는 것으로 대화를 시작했습니다. 저는 적절한 조언을 하기에는 아직 상황을 충분히 숙지하지 못했으며 이 문제는 명백히 한국인들 자신이 풀어나가야 할 것이지만, 한국 애국자들이 해야 할 가장 중요한 일 중 하나는 그들이 애초에 의도한 바대로 조직 내에서 또 그들의 운동 내에서 통합을 이루어야 하는 것으로 보인다고 대답했습니다. 조소앙은 대한민국 임시정부 승인 문제에 대해 이야기를 계속하면서 국무부와 한국 독립운동의 정황을 완전히 이해한 것으로 보이지 않는다고 말했습니다. 조소앙은 특히 한국 독립 단체 내의 통합 상황에 대해 알려진 오해를 언급했습니다. 저는 국무부는 크롬웰의 승인 주장에 대한 답변으로 그에게 보낸 답장에서 표현했듯, 현시점에서 미국과 그 연합국과의 관계나 차후 한국 독립운동과 미국과의 관계 양쪽에 모두 피해를 줄 수도 있는 명확한 입장을 불러일으키는 성급한 행동을 피하고자 한 것이라 생각한다고 답했습니다. 조소앙은 미국 정부가 런던의 다른 망명정부를 승인하는 일은 미루지 않았다고 했고 저는 그 정부들은 제가 아는 한 이전에 승인을 받은 것이라고 대답했습니다. 자유프랑스Fighting French에 대한 질문이 나와 저는 미국은 드골을 정부로 승인하지 않았다고 단언했습니다. 중국 국민당 정부가 대한민국 임시정부를 승인할 예정이라는 기존 예측에 대한 논의가 있었고 조소앙은 대한민국 임시정부 조직은 자신들의 법적 지위를 명확히 해야 할 시급한 필요성을 느끼고 있다고 암시했습니다. 조소앙은 임시정부는 곧 중국 정부만이 아니라 미국 정부와 영국 정부에 정식으로 승인을 요청할 생각이라고 계속 말했습니다. 저는 그 요청이 언제 이루어질 예정인지 물었고, 엄대위에 의해 통역된 대답은 '곧 시작될' 것이라는 내용이었습니다.

저는 러시아에도 한국 독립 대표가 있는지를 물었고 모스크바 정부에 대해 같은 노선의 행동이 고려되고 있는지의 여부를 알려달라고 요청했습니다. 조소앙은 현재로서는 모스크바에 임시정부를 대표하는 어떤 공식 단체도 없으며, 대한민국 임시정부에 대한 러시아의 승인을 이끌어내는 데는 상당한 어려움이 있다는 것을 인정했습니다. (⋯)

조소앙은 한국 독립운동에 대해 취하고 있는 태도를 바탕으로 중국 정부 인사들을 다음과 같이 대략 세 그룹으로 나눌 수 있다고 말했습니다. (1) 임시정부 승인에 대해 전반적으로 찬성하는 입장인 외교관 그룹(왕충후이王寵惠 박사, 구웨이쥔顧維鈞, 쑨커 등이 대한민국 임시정부의 입장에 호의적이라 생각될 수 있는 인사로 거명됨) (2) 한국을 중국의 생명줄로 보는 경향이 있고 따라서 그곳에서 중국의 이해관계를 유지하는 데 깊은 관심을 보이는 군대 측 그룹 (3) 정치적으로 '공자 - 맹자' 그룹은 한국이 문화라는 견지에서 중국과 깊게 연계되어 있으며 따라서 현대 중국의 문화적 개념에 융합되는 것이 적절하다고 본다. 한국 애국자들은 정보를 얻고 한국인을 전장으로 이끌기 위한 다양한 연고와 능력을 보유하고 있다고 이야기되었습니다. 조소앙은 현재 상황에서 한국 독립운동이 중국에서 강하게 기능할 순 없지만, 원조가 있다면 3000만의 한국인이 한국인의 지휘 아래 6개월 내에 일본에 대항해 일어설 것이라는 데 자신의 머리라도 걸겠다고 말했습니다.[27]

1943년 2월 2일 조소앙은 미 대사 고스를 방문한다. 고스 대사는 이를 국무부 장관에게 이렇게 보고했다.

워싱턴 D. C.의 친애하는 국무부 장관님께

1월 26일 충칭 '대한민국 임시정부'의 '외무부장' 조소앙과 저의 대화 비망록을 첨부합니다. 조소앙은 중국 및 다른 연합국들이 임시정부를 승인할 것이라는 견해를 근거로 미국의 임시정부 승인을 재촉했고, 이는 승인을 받고 나면 임시정부가 곤경에 처해 있는 한국인들에게 도움을 주고 고무하며 지도할 수 있기 때문이라고 했습니다. 조소앙은 일본이 병역을 위해 한국인을 징집하고 있기 때문에 한국의 상황은 현재 절망적으로 변해가고 있다고 주장했습니다. 한국인들이 이런 상황에 대해 뭔가 해달라고 임시정부에 호소하고 있다고 그는 말했습니다. 한국인들은 자식들이 일본 군대에 복무하는 것을 보고 싶어하지 않는다는 것입니다. 그러나 연합국의 승인을 받지 않는다면 임시정부는 아무것도 할 수 없다고 그는 말했습니다.

조소앙은 중국 외교부장인 쑹쯔원 박사가 대한민국 임시정부 승인 문제는 중국만의 문제가 아니라 연합국 전체의 문제라고 말했으며, 외교 문제 담당 행정차장인 빅터 후Victor Hoo 박사는 승인을 선도하는 것은 미국이 되어야 하며 다른 연합국들은 이를 따라야 한다고 말했다고 했습니다. 저는 쑹 박사와 후 박사의 말이 정확하게 인용되었는지의 여부를 알 수 없습니다. 조소앙은 임시정부의 승인을 원하며 워싱턴에 그렇게 권하겠다는 제 말을 끌어내기 위해 오랜 시간 노력했습니다.[28]

1943년 8월 14일자 중국 국민당 정부 군사위원회 국제문제연구소 주임 왕펑성王芃生 장군, 총통의 일본 문제 조언자이자 중국군사위원회 국제관계연구회 책임자 T. T. 카Kar 박사, 왕펑성 장군 보좌관 칼 H. 베링거 등과 주중 미 대사관 측이 나눈 대화의 비망록에는 다른 논조가 등장하기 시작한다. 즉 더 이상 중국이 아닌 미국이 임정 승인 문제의 주도권을 쥐고 나가라는 주문이다.

한국과 지리적으로 가까우며 문화적, 정치적으로 관련을 맺어온 오랜 역사로 인해 중국이 한국 독립의 대의를 지지하는 데 주도권을 쥐어야 한다고 일반적으로 생각되곤 합니다. 중국은 이 부분에 대해 미국이 주도권을 쥐는 것을 선호하며 특히 대한민국 임시정부 승인 문제에 대해 그러합니다. 물론 이 노선을 따르는 향후의 어떤 전개도 중국은 기꺼이 지지할 것입니다.

1941년 임정 구미 외교위원부 위원장 시절의 이승만과 동지들.

대한민국 임시정부의 승인은 미국과 러시아의 관계를 포함한 여러 요소에 달려 있습니다. 미국과 러시아는 양국이 모두 한국의 미래 위상에 극히 중요하게 관련되어 있는 나라들입니다. 영국은 미국의 주도에 기꺼이 따르는, 중국과 유사한 정책을 수용할 것으로 생각됩니다. 그러나 승인 문제는 한국, 프랑스령 인도차이나, 타이 그리고 지금 일본에 의해 점령되어 있는 다른 나라들의 미래 지위에 영향을 미치는 훨씬 더 큰 문제의 한 측면일 뿐입니다.[29]

1943년 10월 18일자 구미 외교위원부 이승만이 고스 대사에게 보낸 편지는 임정 승인과 관련해 소련 문제를 본격적으로 제기하고 있다. 이미 싹트기 시작한 미·소 냉전 속에서 친소련계 한인들이 선제적으로 한반도에 진입하기 전에 하루속히 임정을 승인해 그 지위를 강화시켜달라는 논리였다. 여기서 이승만은 역사적으로 냉전 논리의 원형이라 할 노골적인 루소포비아Russophobia(러시아 공포증)를 동원하고 있다.

친애하는 대사님

귀하께서 우리가 충칭 대한민국 임시정부의 승인을 거부하는 연합국의 숨은 동기에 대해 점점 더 조급해지고 우려하게 되는 이유를 알아주시기를 희망합니다.

다음 사항은 분명히 귀하의 주의를 끌어왔습니다. 1943년 2월 10일 월터 듀랜티Walter Duranty는 널리 유포된 뉴스 기사에서 다음과 같이 보고했습니다. '러시아가 원하는 것, 스탈린이 원하는 것은 러시아와 연계된 독립적인 만주 소비에트 공화국이다. 이는 한국 공화국과 유사한 것이며 장제스가 좋아하건 그렇지 않건 간에 아마도 신장新疆, 닝샤寧夏, 산시陝西의 북서 중국 소비에트 공화국까지도 그러할 것이다.'

1943년 10월 13일 모스크바로부터 온 뉴스는 다음과 같습니다. '공식 공산당 기관지 프라우다는 러시아 측이 곧 열릴 3개국 회담에서 미국 국경 문제나 캘리포니아의 지위 문제를 논의하지 않는 것과 마찬가지로 변방 문제와 발트해 국가들의 지위 문제를 논의할 생각이 없음을 오늘 솔직하게 알렸다.'

이처럼 외관상 믿을 만해 보이는 보고서로 미루어볼 때 지난 40년

간 민주주의 국가들이 그토록 두려워해온 러시아의 영토 팽창 위협은 여전히 잠재되어 있는 것으로 보입니다. 이번 전쟁이 끝나갈 때, 1905년 러일전쟁이 끝나면서 일본이 한국을 취하도록 허락받았듯이 미국과 중국 정치가들은 러시아가 한국을 점유하는 데 동의할 것입니까? 그들은 왜 대한민국 임시정부를 승인하는 것과 충칭의 한국광복군을 도와 전투에서 함께 싸우는 것을 거절하는 것인가요?

적어도 미국인, 특히 기독교인들은 러시아 팽창의 위험을 깨닫고 자신들의 두려움을 아주 솔직히 드러내기 시작했습니다. 미국에 있는 우리는 우리 조국의 감정을 표현하는 데 있어 그들과 함께하려 합니다. 연합국 중 한 나라를 비판하는 것은 도움이 되지 않을 수도 있겠지만, 귀하의 의견으로는 이것이 중국이나 미국에 피해가 가는 것일까요? 그렇다면 물론 우리는 그런 행동을 하는 것을 원하지 않습니다.

우리는 일본이 본토에 대한 통제를 약화시키기 시작하자마자 한국 공산군이—러시아 정부에 의해 훈련받고 유지되어온—할 수 있는 일을 두려워합니다. 이 군대는 분명히 한국 정부가 들어가기 전에 한국으로 들어가 한국과 중국만이 아니라 미국에도 심각한 상황을 만들어낼 것입니다. 이러한 위기를 피하기 위해, 대한민국 임시정부의 즉각적인 승인은 그 지위를 강화시켜주고 임시정부가 자체 군대를 수립할 수 있도록 해줄 것입니다.[30]

1944년 5월 19일자 미 대사관 전문에 따르면 조소앙은 다시 신익희와 함께 승인 문제를 놓고 고스 대사와 면담한다. 아래는 그 비망록이다. 여기서 고스 대사는 처음으로 임정 승인과 관련된 '개인적인 의견'을 전제로 임정은 '망명정부'가 아니라 '독립운동'임을 언급하고 있다.

> 조소앙이 오늘 아침 그가 대한민국 내무부장이라 이야기한 신익희와 동반하여 찾아왔습니다. 두 사람 다 영어를 했습니다.
>
> 조소앙은 (1) 한국의 독립 (2) 대한민국 임시정부 승인에 관한 미국의 태도에 대해 질문하고 싶어했습니다.
>
> 저는 한국의 독립에 대한 미국의 태도는 카이로 회담에서 알려진 바 있으며, 그도 그것을 봤을 것이라고 시사했습니다. 조소앙은 '적절한 시기에'라는 구절을 제가 어떻게 이해하느냐고 물었습니다. 저는 그 구절이 한국이 독립을 회복할 수 있기 전에 일본인들이 우선 한국에서 몰아내져야 하며, 즉 군사적 단계가 먼저 와야 하며 민간 정부를 위한 준비와 정당한 절차에 의한 통일이 뒤따르는 것으로 보인다고 했습니다. 저는 '적절한 시기에'라는 표현에 대한 공식적인 의견을 들은 적이 없으며 이는 개인적으로 제 의견을 표현한 것에 지나지 않는다고 말했습니다.
>
> 대한민국 임시정부의 '승인' 문제에 대해서는, 저는 본국 정부로부터 '대한민국 임시정부'에 대해 어떤 지시도 받은 바 없으며, 제가 이 점에 대해 이야기할 수 있는 것은 저의 개인적인 견해만을 표현

하는 것이라고 말했습니다. 저는 노르웨이, 벨기에, 네덜란드 등의 정부처럼 망명 중인 정부들이 있으며, 이는 연합국에 의해 지속적으로 승인을 얻는 상태라고 지적했습니다. 한편 망명 중인 정부가 아니라 해외에서 구성된 해방운동인 프랑스위원회도 있고, 이는 연합국과 관계되어 있지만 프랑스 정부로서 '승인되지는' 않았습니다.

저는 '대한민국 임시정부'는 망명정부가 아니라고 지적했습니다. 이는 한국 독립운동입니다. 저는 제 개인적인 솔직한 의견으로는 이 '대한민국 임시정부' '승인' 문제는 연합국이나 그 '정부' 혹은 독립운동을 이루는 사람들에게 현재의 문제가 아니라고 말했습니다.

조소앙은 '승인은 임시정부에게 정말로 대단히 중요한 문제이고 '승인'을 받음으로써 '권위'를 얻기를 기대하고 있으며 연합국으로부터 재정적 원조와 무기 대여 원조를 바라고 있다'고 완곡하게 암시했습니다.(…)[31]

1944년 6월 20일 미 부통령 헨리 월리스가 장제스와의 회담을 위해 충칭을 방문한다. 특히 태평양 전선에서의 미군의 부담을 덜기 위해 대일 중국 전선을 강화하는 것이 목적이었다. 당시 미국은 중국 공산군과 국민당군의 관계 개선을 촉구하고 있었다. 임정 측은 월리스 부통령의 충칭 방문을 맞아 다시 한번 대대적인 호소에 나선다. 김구, 조소앙이 보낸 서한을 미 대사관이 전문으로 보냈다. 특히 여기에는 「반反추축국 전쟁에서 한국의 역할」이란 비망록이 첨부되어 있는데, 앞 장에서 본 것처럼 "왜 대한민국 임시정부가

승인되어야만 하는가?"라며 승인의 정당성을 정리해서 제시하고
있다.

1944년 6월 16일 임정 선전부장 엄항섭이 미 대사관 측과 나
눈 대화 비망록에는 미·영에 대한 임정 측의 불만이 노골적으로 표
현되기 시작한다.

> 1942년 4월 '임시정부' 승인에 대한 결의안이 중국 최고국방위원
> 회에 의해 승인되었고 그 이후에 국민당 중앙집행위원회 상설위원
> 회에 의해서도 승인되었습니다. 중국 정부는 이 조처를 실현하지
> 못한 것은 한국인들에게 미국과 영국의 승인이 내려지지 않은 탓이
> 라고 설명했습니다. 중국 정부는 종종 한국인에게 중국 정부는 승
> 인을 내릴 준비가 되어 있지만 미국과 영국이 이런 조처를 원하지
> 않는다고 확인했습니다. 한국 문제에 대한 미국과 영국의 비협조
> 의 더한 예는 카이로 회담에서도 드러났는데, 영국은 한국의 독립
> 에 대한 모든 발언에 철저하게 반대했고 미국은 한국의 미래 독립
> 에 관한 선언에 '적절한 시기에'라는 구절을 넣어야 한다고 주장했
> 습니다. 중국을 한국 독립의 진정한 옹호자로 보여주는 이러한 논
> 의 사례는 1월 국민당 주간 회보에 실리기도 했습니다.(엄항섭은
> 이 출판물의 사본을 대사관으로 보내주기로 약속했다.)[32]

1945년 2월 23일 조소앙은 미 대사관을 방문해 미군 지원 하
에 일종의 본토 진공 작전 계획을 설명하고 또 샌프란시스코 회담

에 대표를 보낼 의사를 피력한다. 여기에 대한 미 대사관의 보고 전문이다. 하지만 미국 측의 반응은 여전히 미온적인 것이었다.

첨부된 기밀 전문(충칭, 3월 3일, 194호)은 대사관 직원들과 '대한민국 임시정부 외무부장' 조소앙 사이의 대화 비망록을 전달하고 있는데, 조소앙은 여기에서 (1) 상당한 세부 사항이 제시되는, 대한민국 임시정부가 시행하는 군사 프로그램에서의 미국의 '협조' (2) 대한민국 임시정부의 샌프란시스코 회의 참석 (3) 조소앙의 미국 방문을 용이하게 하기 위해 취해야 할 예비 단계를 요청하고 있습니다.

대사관은 이러한 요청을 전문(3월 1일, 329호)을 통해 전달했고 이에 대해 국무부는 (1) 전쟁에서 한국인을 이용하는 것에 대한 제안은 현지 사령관과 함께 결정해야 하며 (2) 주축 국가들이 샌프란시스코 회의의 대표를 연합국에 한정시켰고 (3) 조소앙의 미국 방문의 이유를 더 조사해 그 가치가 드러난다면 개인 시민으로서의 비자를 발급해줄 수 있다고 답했습니다. 조소앙에게는 처음 두 가지에 대해서는 알려주었습니다.

이러한 요청에 대한 더 이상의 조처가 필요해 보이지는 않습니다. 중국과 다른 전장에 있는 한국인 인력을 활용하는 프로그램은 이미 가동 중입니다. 이런 조처가 한국인 정치 단체를 한 조직으로 받아들이는 것은 아니며, '임시정부' 혹은 다른 어떤 라이벌 조직과 직접 관계를 맺음으로써 생길 수 있는 결과를 피할 수 있을 것입니다.

임정, 거절당한 정부

따라서 개인적으로는 한국인들이 다양한 전쟁활동에서 한몫하기 위해 모집될 수 있다 해도 한국인들이 중국 현지의 사령관들에게 그 계획을 제시할 경우 호의적인 반응을 얻지는 못할 것입니다. 그러나 조소앙의 프로그램 자체가 비현실적이지 않으며, 상당한 이점이 있다는 것은 명백합니다. 제기되어야 할 유일한 난점은 다음과 같습니다. (1) 대한민국 임시정부는, 설사 조력과 지원이 주어진다 해도 그 계획을 실현하지 못할 가능성이 있다는 것 (2) 대한민국 임시정부를 이 문제에 관한 독점적인, 심지어는 유일한 활동 창구로 만드는 것은 미래에 정치적으로 복잡한 결과를 가져올 게 확실하다는 것입니다. 조소앙이 제시한 특별 계획은 다음과 같습니다. (1) 한국군을 소집하고 훈련시켜 연합군에 포함시키자는 것 (2) 한국인들로 이루어진 비밀 첩보활동을 조직하고 확대시키자는 것 (3) 선전 전단과 같은 심리전을 위한 재료를 준비하자는 것.[33]

1945년 4월 2일 미 대사관 전문은 "UP와 AP 특파원들이 '대한민국 임시정부 외무부장' 조소앙이 3월 17일 충칭에서 중국인 및 외국인 기자들과 점심 식사를 하면서 그들에게 프랑스 대사관이 프랑스 임시정부로부터 대한민국 임시정부와 사실상의 관계를 수립하도록 지시를 받았"다고 말했다는 것을 보도했다고 기록하고 있다. 즉 프랑스의 '관계 수립' 지시가 사실상 임정을 승인한 것 아닌가라는 의문에 대해서는 다음을 보면 알 수 있다. 4월 9일 "프랑스 대사는 저에게 선언문 사본 뭉치를 건넸고, 자신이 2월 28일 조소앙에게 대한민국 '임시정부'와 사실상의 관계를 유지하라는 대사관에 대한 비공식적인 프랑스 정부의 지시를 알렸으며, 더 나아가 한국을 해방시키려는 노력에 대한 프랑스의 동정적인 관심과 한국이 신속하게 독립을 되찾아야 한다는 프랑스 정부의 결정에 대해서도 조소앙에게 이야기했다는 취지로 외무부에 이를 보냈다고 말했습니다. 한발 더 나아가, 페슈코프 장군은 대한민국 임시정부와 사실상의 관계를 유지하는 것은 프랑스 대사관이지 프랑스 정부가 아니며, 그는 개인적으로는 4월 2일 오후 2시 560호 우리 전문의 두 번째 문단 두 번째 문장에서 이야기된 이유로 인해 이 한국 조직이 승인을 얻었다고는 생각하지 않는다고 말했습니다."[34] 즉 주중 프랑스 대사 페슈코프 장군이 확인한 것처럼 승인이 아니며, 관계 수립 그 이상도 이하도 아니라는 해명이었다.

런던 주재 미 대사관은 워싱턴에 보낸 1945년 4월 9일자 전문에서 "여기 그 주제에 대한 [영국] 외무성으로부터의 편지를 동봉합니다. '대한민국 임시정부'의 승인을 고려할 당장의 이유가 없다는 국무부의 의견에 외무성이 동의하고 있다는 것(…)입니다"라고 말했다. 영국 외무성 측에서 미 대사관에 보낸 편지의 내용은 이렇다. "지난 2월 28일 귀하의 편지에 대해 감사를 표합니다. 귀하는 그 편지에서 장제스 총통의 수석 비서관과의 논의 이후 국무부가 '대한민국 임시정부'의 승인이 현재로서는 보류되어야 한다는 결론에 도달했다고 말했습니다. 저는 국무부와 우리가 이 문제에 대해 같은 마음이라는 것을 알게 되어서 기쁘며, 귀하는 1944년 9월 4일

제가 귀하에게 보낸 편지 F 3299/102/23에서 우리 쪽에서는 '대한민국 임시정부'의 승인을 고려해야 할 당면할 이유를 찾지 못하겠다고 제가 말한 것이 기억나실 것입니다. 제 편지에서 참고하시라고 말씀드렸던, 김구와 조소앙으로부터 온 편지 두 통은 답장이 이루어지지 않은 상태로 남아 있을 것입니다."[35]

1945년 6월 8일 미 국무부 장관 대행이 기자회견을 통해 한국 문제에 대한 거의 최종적이라 할 만한 입장을 발표한다.

한국 문제에 대한 일반 국민의 관심이 증대됨에 따라, 한국과 한국인들에 관한 미국 정부의 일부 정책을 다시 살펴볼 적절한 시기가 왔다고 생각합니다.

얄타 회담에서 미 정부가 한국에 관하여 카이로 선언문에 반하는 정책을 취한다는 것을 드러내는 합의가 이루어졌다는 소문이 끊이지 않았습니다. 답변을 요청받은 국무부 관리들에 의해 이런 보고가 사실이 아님이 이미 밝혀졌습니다. 중국과 미합중국에 있는 여러 한국 지도자는 이런 소문들이 근거 없음을 인정했습니다. 1943년 12월 1일의 카이로 선언문에는 '노예와 다름없는 한국 국민의 상태에 대해 잘 알고 있는' 중국, 미합중국, 영국 3개 서명국이 '머지않아 한국이 자유로운 독립국이 되어야 한다고 결론지은' 성명서가 포함되었습니다. 카이로 선언문에 명시된 의무를 이행하고자 하는 미국의 의도에는 변함이 없습니다.

1945년 2월 4일 얄타 회담의 3국 수뇌.

충칭의 '대한민국 임시정부' 인정과 한국 대표단의 샌프란시스코 회담 참석 문제와 관련하여 많은 한국인과 그들의 지지자에게서 큰 동요가 일고 있는 만큼, 국무부의 지침이 되어오고 있는 몇 가지 기본적인 사항에 대해 재검토하는 것이 타당할 듯 보입니다.

국제기구에 관한 유엔 회의에 참여하는 연합국들은 모두 합법적으로 형성된 통치 당국이 있는 반면, '대한민국 임시정부'와 한국의 다른 조직들은 통치 당국으로서 유엔의 인정을 받는 데 필요한 자격을 현재 갖추고 있지 않습니다. '대한민국 임시정부'는 한국 내 어디서도 행정적 권한을 행사한 적이 없으며, 오늘날 한국 국민의

임정, 거절당한 정부

대표로 간주될 수도 없습니다. 지리적 요소 및 다른 요소들로 인해 망명 상태에 있는 한국인들 사이에서조차 불가피하게 제한되어 있습니다. 연합국이 승리했을 때, 한국 국민이 설립하고자 하는 정부의 최종 형태와 임원 선택 권리를 손상시킬 우려가 있는 조치는 취하지 않는 것이 '대한민국 임시정부'와 같은 조직들을 대하는 미국 정부의 노선입니다. 미국 정부가 지금까지 '대한민국 임시정부'를 인정하지 않은 것은 원칙적으로 그런 이유에서였습니다. 이 노선은 추축국의 지배에 있거나 거기에서 해방된 모든 국민에 대한 미국 정부의 입장과 일치하는 것입니다.[36]

여기서 보듯이 종전 직전 미국은 종전 후 한국 민중의 정부 및 그 담당자 선택권 존중을 임정 불승인의 근거로 언급하고 있다. 하지만 이러한 미국의 입장은 커다란 이율배반의 오류를 범하고 있는 셈이다. 임정이 한국 민중의 투표 등 민주적 절차에 의해 '선출된' 정부가 아니라는 말은 일견 타당할 수 있다. 그러나 미국의 신탁통치 방안 역시 한국 민중의 민주적 절차에 의해 선택된 안은 아니다. 자신들의 전후 구상의 정치적 필요에 의해 일방적으로 안출된 미국의, 미국에 의한, 미국을 위한 구상을 일방적으로 강제하는 것에 다름 아니기 때문이다.

결국 1919년 수립되어 1945년 12월 귀국할 때까지 임정은 근 26년 동안 간난신고의 세월을 견뎠음에도 그 어느 나라로부터 그 어떤 승인도 받지 못한 채, 외교적으로는 미아인 채로 남겨져 있었다. 하지만 이미 분할 점령된 상태인 한반도의 남쪽은 그들을 열렬히 환영해주었다. 이제 그들을 '승인'할지 여부는 오롯이 한국 민중의 몫으로 남겨져 있었다.

3. 영국과 임정 승인

영국의 임정 정책은 기본적으로 '제국의 복귀'라는 프레임을 통해 읽힌다. 구제국주의의 황혼에서 지상 최대의 식민지에 대한 기득권을 고수하려는 보수적 대외관의 반영이다. 저물어가는 황혼의 제국, 영국의 외교는 독자적으로 새로운 세계 질서를 담보하기에는 역부족이었다.[37] 그리고 그들이 대변하는 세계관 역시 미국의 그것과 비교하더라도 낡고 반동적인 것이기도 했다.[38]

임정, 나아가 한반도 문제에 대한 영국의 인식틀은 구제국주의적, 식민주의적 시각과 크게 분간되지 않는다. 1942년 2월 16일자 주영 미국 대사관 고문 매슈스H. Freeman Matthews와 영국 외무성 애슐리 클라크 사이의 전문을 살펴보자. 먼저 매슈스는 현재 미 국무부가 임정에 대한 어떤 승인도 고려하지 않고 있으며, 미래의 승인에 대해서도 언급하는 것조차 고려 대상이 아님을 밝히고, 이에 대한 영국 외무성의 입장을 알려달라는 요청을 보낸다.

(…) 미 국무부는 추축국에 반대하는 이들이 어디서건 실행 가능한 적극적인 원조를 얻고자 한다. 나아가 일본의 지배를 받고 있는 한국인들이 처한 어려움에 당연히 동정하며 한국인들이 일본에 저항하고 반대하는 것을 강화하는 일을 돕고자 한다. 미 국무부는 현재 한국에 대한 어떤 '승인'도 고려하고 있지 않으며, 한국에 대한 미래의 '승인'에 대해 언질을 주는 것도 고려하고 있지 않다. 이와 유사하게 미국 정부도 현 정세에서 특정 한국인 그룹이나 조직을 일본의 압제에 [반대하는] 한국 측의 주요하고 우세한 저항 집단으로서 승인할 생각은 아니다. 그러나 앞서 말한 것과 연계해 미 국무부는 영국 정부에 어떤 형식이건 '승인'을 요구하는 한국인 조직이 영국에 있는지의 여부를 확인할 수 있다면 도움이 될 것이라고 믿고 있다. 대사관은 망명 중인 소위 '한국 임시정부' 혹은 '자유 한국인' 조직의 일반적인 승인 문제에 대한 영국 정부의 태도를 비공식적으로 그리고 극비리에 확인하고자 한다.

미 국무부는 현시점에 일본의 억압을 종식시키기 위한 한국인들의 노력에 대해 미국 정부의 관심을 보여주는 전반적인 포고를 언론에 발표하는 것이 바람직한지 그리고 이러한 포고가 한국만이 아니라 만주를 포함한 중국과 일본 내에서 [살고 있는] 한국인들이 일본에 저항하도록 고무시키는 데 도움이 될 것인지에 대해 생각하고 있다.

이 문제 전체에 대한 [영국] 외무성의 전반적인 입장을 대사관에 알려준다면 도움이 될 것이다.

여기에 대한 영국 외무성의 답신은 이러하다.

극비

1. 한국 독립을 위해 미국 내에서 노력하는 한국인 집단을 주제로 한 2월 16일자 비망록에서 미국 대사관은 망명 중인 소위 '한국 임시정부' 혹은 '자유한국인' 조직에 대한 승인과 관련된 전반적 문제를 [다루는 영국] 외무성의 태도를 비공식적으로, 그리고 극비리에 표현해달라고 요청했습니다.

2. 알려진 바에 의하면, 영국 내에는 한국인이 없으며, 어떤 종류건 조직을 만들 정도로 충분한 숫자가 아니라는 것은 확실합니다.

3. 이 문제에 관해 영국 정부는 다음과 같이 접근했습니다. 태평양에서 전쟁이 일어난 직후 충칭의 영국 대사관에 자신을 대한민국 임시정부 외무부장이라 주장하는 조소앙이라는 사람이 방문했습니다. 그는 처칠과 캐나다 수상 앞으로, 연합국의 대의에 동의하며 연합국의 승리를 믿는다는 내용의 편지를 내놓았습니다. 같은 메시지가 조선민족혁명당朝鮮民族革命黨, Korean National Revolutionary Party, 자유 투쟁을 위한 대한인국민회Korean National Association for the Fight for Liberty, 대한동맹회Korean National United Comrades Association, 자신을 조선의용대朝鮮義勇隊, Korean Volunteer Corps 총대장이라 소개한 김약

산[김원봉]으로부터도 왔습니다. 영국 대사는 미국 대사관에도 이와 비슷한 접근이 있었다는 사실을 알았습니다.

4. 영국 대사는 한국인들 사이에서 상당한 불화가 있다는 인상을 받았으며, 중국 외교부장에게 자유중국의 한국인들이 독립을 목적으로 하고 있기는 하지만, 정치적으로는 공화 급진주의에서 반동 군주정까지 매우 다양하다는 이야기를 들었습니다. 중국 당국은 이 모두가 반x일본 활동에는 유용하다는 것을 알지만, 파벌 차이가 해소될 때까지는 자유한국인 운동에 대한 그 어떤 승인도 생각할 수 없다고 선언했으며 이 목적을 위해서 거중 조정을 하고 있습니다.

5. 충칭의 '한국 정부'의 '승인' 문제에 대한 접근이 북미 대한인국민회의 김용중에 의해 이루어졌습니다. 그는 지난 12월 워싱턴의 영국 대사관에 편지를 보냈으며, 올해 1월에는 대사관을 방문했습니다. 대사관을 방문했을 때 그는 '한국 정부'가 연합국의 선언에 서명하는 것과 영국의 승인을 얻는 것을 갈망하고 있다고 말했습니다. 대사관은 지시를 받은 것이 없다고 하면서 이러한 점에 대해 그를 격려하지 않았습니다. 뒤이어 그들은 미 국무부의 해럴드 호스킨스Harold B. Hoskins와 이 문제를 상의했습니다.

6. 외무성은 [미] 국무부가 일본에 대한 한국의 저항을 고무하고 싶어했지만 현시점에서 한국에 대한 어떤 '승인'도 고려하고 있지 않으며 미래에 대한 언질도 주려 하지 않는다는 것에 주목했습니다. 그렇지만 일본에 대한 저항을 고무시키려는 목적에서 일본의 압제를 종식시키려는 한국의 시도를 고려해 이에 대한 전반적인 발표가

　　　　　　　　　　　　　　임정, 거절당한 정부

타당하지 않을까 하는 [미 국무부의] 생각도 있었음을 외무성은 주목했습니다.

7. 외무성에서는 현시점에 일본에 있는 한국인들이 효율적으로 일본에 저항할 가능성은 사실상 매우 낮으며 한국에서도 비교적 크지 않다는 의견이 전반적이었습니다. 만주와 점령 중국에서는 가능성이 좀더 높겠지만, 외무성의 생각으로는 현재 일본의 성공이 지속되는 한 미국 정부나 영국 정부가 공식 발표 또는 인정을 하는 것이 일본의 통제 지역에 있는 일반 한국인들 사이에서 실제적으로 효과적인 규모의 반향을 일으킬 것 같지 않아 보입니다. 그러나 이러한 형세가 일본에 대한 저항으로 돌아설 때, 신중하게 시한을 [둔] 선언은 유용한 결과를 가져올지도 모릅니다.

8. 외무성은 당분간 일본 바깥의 한국인들로부터 오는 접근에 대한 향후 답변이 국가적 자유와 독립이라는 포부를 실현하려는 한국인들의 노력에 공감한다는 언질로 한정되어야 한다고 생각합니다. 이는 사실 1941년 10월 25일 김[용중]에게 보낸 편지에서 중국 외교부가 취하고 있는 태도이기도 합니다(김[용중]은 이 편지의 사본을 워싱턴의 영국 대사관으로 보냈습니다). 외무성은 또한 한국 문제에 대한 중국 정부의 이해관계 측면에서 승인과 관련된 모든 조치는 중국 정부와 논의하는 편이 좋을 것 같다고 제안했습니다.

9. 외무성은 미 국무부가 결과적으로 결정할 행동에 대해 지지를 보낼 기회를 갖게 된다면 기쁠 것이며, 미 국무부가 이 문제를 재검토한 결과로서 이른 결정에 대해 적절한 때를 알 수 있다면 역시 기

쁠 것입니다.

　영국 외무성의 이러한 입장에 대해 미국 측 매슈스는 "본인은 한국 문제에 관한 귀하의 비공식 비망록이 도움이 되며 외무성의 견해가 전반적으로 [미국] 국무부의 견해와 일치한다는 사실을 귀하에게 알려주라고 요청하는 전문을 국무부로부터 막 받았습니다" 라며 3월 24일 전문에서 확인하고 있다.[39]
　중국 국민당 입법원장 쑨커가 주도한 임정 승인 요청 역시 미국과 영국이 공히 주시하는 상황이었다. 영국의 주미 대사 핼리팩스 경은 1942년 4월 17일 영국 외무성에 이 전문을 타전했다.

　충칭의 미국 대사로부터 발송된 다음의 4월 15일자 전문 내용은 국무부가 아닌 다른 곳에서 나온 것이므로, 극비로 취급되어야 함.
　"쑨커(중국 입법원장)가 4월 6일 최고국방위원회 회합에서 한국 임시정부에 대한 즉각적인 승인을 제안했고 다른 구성원들이 이를 지지했다는 사실을 4월 9일 미국 대사가 정치 차관으로부터 극비리에 들었다. 이 문제는 세 시간 동안 논의되었고, 이를 총통에게 맡기기로 결정되었다."
　"중국 정부가 충칭의 한국 정부에 대해 동정심을 가지고 있으며 한국인들 사이의 파벌 간 불화를 해결하도록 요구해오기는 했지만, 이 문제에 대한 기본 원칙은 다음과 같다. (a) 임시정부가 승인되었을 때 소련의 반응에 대한 우려(이는 대단히 미묘하게 다뤄져야 할 문제로 생각된다)다. 시베리아의 소련 군대 내에 한국인으로 이루어진 두 사단이 있다는 사실이 주목된다. 일본과 소련 사이에 전쟁이 벌어진다면 이 사단들은 한국으로 진입하는 데 동원될 수 있으며 더 나아가 소련인들이 한국에 일종의 정부를 수립하는 데 동원될 수도 있다는 사실이 지적된다. 그사이에 충칭의 한국 정부가 승인을 받는다면 결과적으로 어려운 상황이 될 수 있다. 소련 군대에 복무하고 있는 한국인들은 소련 국민으로 귀화했음에도 불구하고 한국인으로 남아 있다는 사실도 지적된다. (b) 네덜란드령 동인도와 말레이반도 등을 염두에 두면, 이 시점에 영국과 다른 나라들이 식민지 독립 제안에 대해 어떤 반응을 보일지 우려된다."[40]

특히 중국 정부가 임정 승인이 대소 관계에 미칠 파장과 네덜란드령 동인도와 말레이반도 등이 식민지로부터 독립하는 것에 대해 영국을 비롯한 제국주의 국가들이 보이는 반응을 살피고 있음을 확인했다. 나아가 이 전문에 달려 있는 성명 미상인 영국 외무성 관리들의 코멘트도 흥미롭다. 영국 식민지 홍콩을 반환해달라는 중국의 요구는 시간이 걸릴 것이며, 나아가 임정 승인이 중국의 진짜 속셈은 아닐 거라는 관측이 특히 그러하다.

의사록

이 상황은 흥미롭습니다. b) 거의 의심하지 않았던 우리 감정에 대해 숙고하고 있으며 중국인들이 홍콩에 대한 요구를 서두르지 않을 것이라는 희망을 가지게 되었습니다.

소련인의 견해는 시간 문제와 관련된 것입니다.

그러나 시간이 문제되는 것은 국가로서 한국을 인정하는 것이 중국의 깊은 [속내]는 아니며, 한국인들은 아마 중국인의 보호 아래 수립될 임시정부를 환영하지 않을 것입니다. 이는 무엇보다 한국이 중국의 종주권 하에 있었던 기억을 연상시키기 때문입니다.[41]

1943년 5월 11일 조소앙은 처칠에게 일체의 국제적 후견에 반대하며 완전 독립을 바란다는 서한을 보냈다.

각하

한국 임시정부를 대표하고 혁명 지지자를 포함한 전체 한국 국민의 감정을 대변하여, 본인은 모든 한국인이 오직 완전한 독립만을 원하며 이에 따라서 전후의 한국에 대해 국제적 후견International guardship을 이해한다거나 제안하는 일에는 반대한다고 말씀드리는 영광을 얻었습니다. 대서양 헌장과 부합하지 않는 이러한 계획은 3000만 한국인의 의지에 반하는 것이며 동아시아의 평화를 위험에 처하게 만드는 것입니다. 부디 제가 표하는 최고의 경의와 존중을 받아주십시오.

대한민국 임시정부 외무부장 조소앙

임정, 거절당한 정부

이에 대해 영국 외무성 극동국은 주중 영국 대사관에 서신을 보냈는데, 거기엔 이렇게 언급되어 있다. "이는 과거 중국 및 미국의 한국인들로부터 받아온 다른 전문들과 유사하며, 이번에도 과거에 그랬던 것처럼 수신을 확인해주는 서신을 보내지 않기로 결정했습니다."[42] 즉 어떤 대응도 회피하고 있었던 것이다.

한국의 자치 능력에 대해서는 비단 영국 정부만 회의를 보인 게 아니었다. 카이로 회담 이후 "적절한 때가 오면 한국이 해방되고 독립되도록 결의했다"라는 미·영·중 3국의 합의를 놓고 영국 의회에서는 노동당의 클레멘트 애틀리Clement Attlee 수상과 의원들 간에 질의가 오갔다. 여기서 또 하나 주목할 점은 매클레인 의원의 질의다. "영일조약을 통해 영국이 일본에 양도." 즉 20세기 초 영일동맹을 통해 인도와 조선을 맞교환한 역사적 사실로까지 거슬러 올라가 조선의 자립 능력에 의문을 제기하고 있는 것이다.

> 해나Hannah가 수상께 질문했다. '한국의 독립을 회복하고, 특히 한국이 혼자서 설 만큼 충분히 강하다는 확신은 어떤 상황 아래서 주장될 수 있습니까?'
> 애틀리: 극동의 상황 전개라는 견지에서 다른 연합국들과 함께 의논해 이 목적들이 성취될 수 있는 방식과 단계를 고려해야만 합니다.
> 해나: 현대사회에서 그 나라들이 자립 상태를 스스로의 힘으로 충분히 유지할 때까지 독립 국가를 허용해줄 경우 [올 수 있는] 위험

성을 깨닫고 있습니까?

매클레인: 영일조약을 통해 영국이 일본에 양도하기 전부터 이 나라는 자립할 정도로 충분히 강했던 경우가 아니지 않습니까?[43]

미국과 비교해 영국 대사관의 임정에 대한 정보 수집은 상당히 빈약했다고 볼 수 있다. 군사자문단과 전략첩보국oss을 주둔시키고 있던 미국에 비해, 영국은 그리 성의 있게 임정을 대하지도 않았다. 미국 대사 고스가 임정 인사를 개인 자격으로 나와 접견했던 것에 비해 영국 대사 시모어Seymour 경은 임정 인사를 단 한 차례도 만나주지 않았다. 그럼에도 주중 대사관 일등서기관 J. F. 포드J. F. Ford는 다소 예외적으로 임정 인사들을 만났고, 그 만남을 보고한, 당시 임정에 대한 날카로운 관찰이 포함된 1944년 5월 25일자 「한국 독립운동: 중국에서의 한국 독립운동과 관련된 비망록」이 남아 있다.

5. 조소앙은 우리에게 친절했고, 1922년에 영국을 잠시 방문했던 것을 즐겁게 추억했다. 그러나 처음 만났을 때 그는 경외심을 일으키는 혁명 지도자 혹은 혁명 운동가의 인상을 주지는 못했으며, 실제로는 내게 다소 주제넘다는 느낌을 주었다. 충칭의 몇몇 단체는 한국인 지도자들이 현실감각은 부족하고, 소규모 조직으로 외교 라인을 운영하는 데 지나치게 몰두한다고 생각한다. 20년이 넘는 망명생활로 인해 그들은 일종의 심리적 공황에 처해 있었다. 독립당

은 다른 정당보다 외국의 승인을 얻어내는 데 과하게 관심을 기울이고 있으며 현장에서 일어나는 실제 활동을 무시하는 경향이 있다. 나는 아마 이 비판이 조소앙에게도 적용되리라고 생각한다.
(…)

23. 현재 구성된 임시정부는 마침내 한국 밖의 모든 한국 독립운동 단체의 지지를 얻은 것으로 보인다. 독립운동 참가자들은 현재 〔UN〕 연합국으로부터 실질적인 형태의 원조를 그 어느 때보다 더 받고 싶어한다. 이 원조를 받아야 일본을 타도하고 동아시아를 다시 건설하는 데 자신들의 역할을 할 수 있기 때문이다. 이를 위한 예비 행위로 한국인들이 세운 첫 번째 목표는 임시정부에 대한 전반적인 승인, 즉 법적인 정부로서의 승인은 아니라 해도 적어도 한국이 해방되고 한국인들이 자신들이 원하는 정부가 어떤 종류인지에 대해 의견을 표현할 수 있게 될 때까지 한국 독립을 이끌 자격을 가졌다는 승인을 지체 없이 얻어내는 것이다. 혁명가들의 궁극적인 목적은 카이로 회담에서 약속된 것처럼 한국이 '적절한 때가 오면' 독립하는 것이 아니라 일본의 지배에서 벗어나자마자 독립하는 것이다.

24. 한국인들은 중국으로부터 먼저 승인을 얻어내야 한다는 것을 알고 있다. 그러나 중국인들 입장에서는 지나치게 독립적인 노선을 취한다고 여겨지는 한국인들에게 전권을 위임하는 것을 꺼리는

여러 징조가 보이고 있다. 한국인들은 일본인 지배자가 중국 혹은 다른 나라 지배자로 단순히 바뀌는 것에는 만족할 수 없음을 명백히 했던 것이다. 중국 측 의견 중에 쑨커가 이끄는 쪽은 즉각 승인을 옹호하는데, 최근 임시정부의 '민주적 통합'으로 인해 쑨커가 임시정부 문제를 주장하는 것이 수월해졌음은 확실하다. 이쪽 계통의 가장 최근의 진전은 한국인 혁명가들이 지금 열리고 있는 국민당 중앙행정위원회 12차 회기에 임시정부를 승인해달라고 요구하는 비망록을 제출한 것이다. 1942년 중앙행정위원회가 마지막으로 이 문제를 논의했을 때는 구성원 중 많은 숫자가 승인을 지지했으나 장제스가 거부했다고 보고되었다. 현재 상황에서는 이 문제를 기각하는 것이 그렇게 쉽지는 않을 것 같다.

25. 소비에트 러시아에 대해서 한국인들은 전반적으로 거의 이야기를 하지 않고 거북해하는데, 그 나라가 여전히 일본과 평화를 유지하고 있으며 한국 독립운동에 어떤 격려도 분명히 주려고 하지 않기 때문이다. 영국과 미국에 대해서는 한국인들이 우리가 단순히 힘의 정치를 행사하거나 전쟁 후에 동아시아를 재건하기 위해 편의상 한국의 독립을 희생시키지 않을까 두려워하고 있다.[44]

임정 및 전후 한반도 정책에 대한 영국 정부의 가장 정제된 문건 중 하나가 저명한 역사학자 토인비 교수가 위원장을 맡은 1944년 12월 20일자 외무성 조사국 '한국위원회'의 「한국의 전후 독립_{Post-war independence of Korea}」(1944년 12월 20일)이라는 비망록
이다. 비망록의 작성자는 옥스퍼드대 교수였던 역사학자 찰스 웹스
터_{Charles K. Webster}였다.

8. 중국 정부는 한편으로는 충칭에서 한국 임시정부를 환대했지만
아직 임시정부를 외교적으로 승인하지 않았다. 재미 한국인들, 그
리고 대부분 한국에서 일했던 선교사인 미국인 친구들이 미국에서
강하게 편들고 있음에도 불구하고 미국 또한 임시정부를 승인하지
않았다. 현재 일본과 전쟁 중이며 카이로 선언에 서명한 열강 3개
국 중 한 국가가 다른 두 나라와 협조하지 않은 채 임시정부를 승인
하는 것은 분명히 바람직하지 않다. 그리고 이런 승인이 다음과 같
은 경우를 인정한 것으로 받아들여질 수 있다. 임시정부가 한국 내
에서 한국인들의 전반적인 지지를 얻고 조국이 해방되는 즉시 효
율적인 통치 체제를 수립할 수 있다는 것에 3개국 열강이 만족하는
경우 말이다. 이러한 확신 없이 임시정부를 승인하는 일은 이후에
가장 곤란한 일로 부풀려질지도 모르는 주장만을 만들 뿐이다.

한국의 독립 요구

9. 한국 임시정부와 해외의 다른 한국인들은 일본을 몰아낸 후 즉
각적이고 구속 없는 한국의 독립을 요구하기 위해 목소리를 높이고
있으며, 임시로 외국이 통치하는 기간을 두자는 제안에도 열을 올

리며 거부한다. 한국인 중 일부는 심지어 이런 단계가 선택된다면 문제가 일어날 것이라고 위협한다. 『한국과 태평양 전쟁Korea and the Pacific War』이라는 팸플릿의 저자는 다음과 같이 선언했다(p. 37). '제아무리 임시라고 해도 외국 군대가 한국을 점령하는 것은 전후 시기의 한국에 폭동의 원인이 될 것이다. 확실히 나라의 치안은 유지될 수 있겠지만 결국에는 소요가 한국 전역과 만주까지 퍼져나갈 것이다. 이것은 한국 애국자들이 기회가 있을 때마다 일본인들을 공격하는 현시점의 상황과 유사해질 것이다. 이는 여러 해 동안의 분쟁과 무질서의 원인이 될 것이다.' 한국인들이 테러리즘과 폭탄 투척에 소질이 있다는 것을 생각하면 이러한 위협은 가볍게 무시되어선 안 된다.

10. 군사 작전 기간에 한국 지역에서 실질적인 권력이 등장해 공식 정부라고 주장할 가능성도 있다. 그러나 그들 자신의 노력만으로 일본에 대항해 일을 진척시킬 수 있는 한국인 조직의 존재를 상정할 이유는 없다. 설사 그들이 내세우는 대의가 민중의 것이라 해도 모든 효율적인 반일 저항은 외국의 도움에 의지할 수밖에 없고 그 세력의 지도자들은 외국 세력의 대리인이 되는 경향이 있다. 이 지도자들이 얼마나 진정으로 한국 민중을 대표하는지를 파악하는 것은 불가능할 것이다. 자유롭고 진정으로 대의적인 민족 정부를 한국이 갖게 되는 유일한 길은 민주적인 선거의 결과에 의하는 것이다. 하지만 이러한 선거들은 거의 이루어지지 못한다. 지하 운동에

임정, 거절당한 정부

서 튀어나온 군사, 정치적 정권에 의해서 '만들어질' 수는 있겠지만 말이다. 이러한 선거는 오직 외국의 감독을 받는 동안 처음에는 지방 차원에서, 그 후에는 전국 차원에서 민주주의 제도를 운영하는 경험을 얻는 준비 기간 이후에야 가능할 수 있다.

11. 일본의 지배로 인해 한국인들이 전국적인 의회를 운영해볼 경험을 못 했지만 부락 자치에서 [오는] 오랜 경험이 존재한다는 사실을 기억해야만 한다. 더 나아가, 만세 운동을 통해 한국인은 전국 규모의 운동을 조직하고 그들이 진정으로 원한다면 함께 협조하여 일할 수 있다는 능력이 입증되었다. 자치 능력은 기회와 경험의 문제이며, 일단 적절한 환경만 주어진다면 한국인이 다른 아시아 민족에 비해 능력이 모자란다고 생각할 근거는 확실히 없다.

결론

12. (a) 한국인은 전국적인 대의제의 조직과 운영 혹은 고도의 행정 업무를 시행하는 것에 대한 경험이 없다.

(b) 현재 충칭에 있는 한국 '임시정부'는 해방된 한국에서 합법적인 정부로서의 승인을 즉각적으로 요구하지만 한국을 통치할 능력이나 한국 내에서 필요한 민중의 지지를 얻을 능력이 해외 한국인 조직들에 있는가에 대해서는 확신이 없다.

(c) 한국 내에 존재하고, 일본인을 몰아내면 표면으로 나올 수 있는

지하 운동은 외세의 도움 없이 안정적인 체제를 수립하는 데 성공하지 못할 것이다. 주요 해방 열강 사이에 합의 없이 도움이 일방적으로 주어진다면, 심각한 국제 분쟁을 야기할 수도 있다.

(d) 필요한 기회와 경험이 주어질 경우, 한국인들이 늦지 않게 근대 국가를 운영하지 못할 것이라 생각할 이유는 없다. 그들은 부락 자치의 오랜 경험을 가지고 있다.[45]

결국 미·영·중 어느 한 나라만의 임정 승인은 전혀 바람직하지 않다. 즉각적인 독립 요구도 수용될 수 없다. 이는 "한국인들이 테러리즘과 폭탄 투척에 소질이 있다는 것을 생각하면"(!) 더욱 그렇다. "외국의 감독"하에 처음엔 지방에서 시작해 다음엔 전국으로, 민주적 선거를 위한 "준비 기간"을 단계적으로 거쳐야 한다. 어쨌든 한국에는 오랜 "부락 자치"의 경험이 있다. 이는 앞에서 본 랭던의 1942년 보고서(위 4장 2절 76쪽 이하 참조)와 동일한 궤적의, 지금의 눈높이에서 보자면 서양이 동양을 바라보는 전형적인 시선, 즉 미성숙한 동양으로 바라보는 오리엔탈리즘의 전형을 보여준다. 이후 역사에서 보자면 이러한 시선은 오히려 식민주의적 기득권을 옹호하고 정당화하는 기제로 작동했으며, 그것 자체가 위기의 원인이 되었다.

1945년 7월 24일 영국 외무성의 최종 보고라 할 만한 「한국의 장래 1945 ⅡFuture of Korean 1945Ⅱ」라는 문서가 작성된다. 나치 독일은 이미 붕괴되었고, 소련의 대일 개전을 목전에 둔 시점이었다.

4. 한국에 관한 한 카이로 선언의 주동자는 미국으로, 미국은 주로 선교사 단체로 인해 한국에 감상적인 관심을 갖게 되었다. 이런 관심을 가진 영국 선교사들도 있다. 영국의 경제적 이해관계는 무시할 만한 수준이다. 1935년에서 1939년 사이에 영국에서 한국으로의 연간 평균 수출 총액은 15만6000파운드이며 한국으로부터 영국으로의 수입은 9000파운드다. 그리고 일본을 통한 약간의 교역이 더 있다.

5. 한국은 전쟁 전 영국의 영향력이 점차 감소하는 지역에 위치했었고, 전쟁 직후의 시기에도 우리 입지가 회복될 수 있을 것 같지 않다. 극동 열강으로서의 소련의 부흥이라는 정치적 결과의 관점에서 보자면 그것이 바람직하지 않을 수도 있다. 극동에서 영연방의 핵심적인 관심은 북회귀선 남쪽 지역에 주로 한정되며 이 지역에 우리의 영향력을 재건하고 유지하기 위해서 사용 가능한 자원이 모두 필요할 것으로 보인다.

6. 영국은 카이로 회담의 조인국이라는 사실을 제외하면 한국의 미래에 대해 별 관심이 없다. 그러나 세계 안보 기구가 계속 유지된다면 우리도 국제 분쟁의 씨앗을 품고 있다고 할 수 있는 문제에 대해 완전한 고립 정책을 채택할 수는 없다. 한국은 명백하게 이러한 문제를 안고 있다.

7. 한국의 독립이 '적절한 시기'에 이루어지리라 언급한 것을 보면 카이로 선언은 신탁통치 기간을 생각하고 있으며 이러한 신탁통치 기간이 필요하다는 사실은 명백하다. 한국인들은 조국의 정부에 참여해온 적이 없으며 일본의 통치를 40년간 겪은 후에 통치 업무를 맡는 데 필요한 경험을 갖춘 충분한 숫자의 한국인을 찾기란 어려울 것이며 불가능할 수도 있다.

8. 신탁통치 기간에 한국의 통치가 어떤 형태가 되어야 하는지에 대해서는 다음과 같이 다양한 가능성이 제시된다.

a. 외국인 고문에게 실제 통제를 맡기고 한국에 정식 주권을 회복시켜준다.
b. 식민 경험이 있는 작은 나라들 중 하나가 통치한다.
c. 모든 열강이 참여하는 일종의 공동 통치 체제를 수립한다.
d. 열강 중 한 나라가 한국을 통치한다.

9. 위의 제안 중에서 소련이 선호하는 것은 알려지지 않았지만 아마도 통치 열강을 소련으로 하는 (d)를 생각하고 있으리라 추측된다. 한국인의 이해관계라는 관점에서 보면 한국이 진정으로 독립할 수 있을 때까지 (a)와 (c)를 합친 형태가 가장 좋은 해결책일 것이다. 지금 이 시점에서 우리가 할 수 있는 일은 기다리면서 소련이

임정, 거절당한 정부

어떤 요구를 해오는지를 보는 것이다. 그러나 우리의 직접적인 이해관계는 크지 않으며, 소련의 제안에 반대하는 것이 필요하다고 입증되면 이를 미국인들의 손에 맡겨야만 한다. 염두에 두어야 할 중요한 점은 소련이 일본과의 전쟁에 뛰어든다면 전쟁이 끝나는 시점에는 한국을 물리적으로 점령할 가능성도 없지 않다는 것이다.[46]

종전이 다가오는 시점에서 영국의 입장은 나름 매우 현실적이으로 변한다. "극동에서 영연방의 핵심적인 관심은 북회귀선 남쪽 지역에 주로 한정되며 이 지역에 우리의 영향력을 재건하고 유지하기 위해서 사용 가능한 자원이 모두 필요할 것으로 보인다." 즉, 이곳에서 영국의 영향력을 재건·유지하는 것이 목표라는 말이다. 한반도 신탁통치 이외의 안은 사실상 고려되지 않고 있다. 그리고 "우리의 직접적인 이해관계는 크지 않으며, 소련의 제안에 반대하는 것이 필요하다고 입증되면 이를 미국인들의 손에 맡겨야만 한다"고 한다. 결국 한반도의 미래는 미국이 결정할 거라는 말이다.

4. 자유프랑스와 임정 승인

상하이 시절부터 임정은 프랑스에 대해 대체로 우호적인 관계를 형성하고 유지했던 것으로 보인다. 그도 그럴 것이 임정이 상하이 프랑스 조계에 위치해 있었고, 일찍이 '파리 위원부'를 설치하여 1920년대에 적극적인 대유럽 활동의 근거지로 삼았던 역사적 경험이 있었기 때문이다.[47]

　1944년 8월 14일 자유프랑스의 외교부 장관 르네 마실리René Massigli는 충칭 프랑스 대사관에 이런 전문을 보낸다. "대한민국 해방 정부와 향후 우호 관계를 맺음으로써 우리가 볼 수 있는 이해에 대한 귀하의 관점에 본인도 동의하는 바입니다. 이에 귀하가 프랑스 임시정부와 대한민국 임시정부 간의 사실상의 관계를 위임받았음과 더불어 한국의 해방을 위해 대한민국 임시정부가 펼치는 노력을 호의 어린 관심으로 지켜보고 있다는 점을 조소앙씨에게 비공식적으로 알릴 것을 승인합니다."[48] 그 자체로 대단히 우호적인 입장을 표명한 셈이다.

마찬가지로 주중 프랑스 대사관 고문 겸 프랑스 임시정부 대표인 클로드 클라라크Claude Clarac 역시 조소앙을 면담한 뒤 본국에 이렇게 보고하고 있다.

페슈코프 장군과 저는 이 일을 다소 신중하게 처리하는 것이 바람직하다고 판단했습니다. 귀하의 전문을 받은 후 스크보르조프Skvortzoff 소비에트연방 대리공사와 대화를 나누던 중 소련 대사관이 한국 정부에 관해 여전히 조심스런 자세를 보인다는 것을 깨달았습니다. 스크보르조프 씨는 충칭에 망명한 정치인 단체는 한국과 접촉이 끊긴 지 오래되어서 한국에서는 이들이 거의 알려져 있지도 않을뿐더러 아무런 영향력도 행사하지 못할 것이라고 말했습니다. 반면 시베리아에 정착한 30만 명의 한국 애국자들은 조국의 운명에 지대한 관심을 보이고 있다고 합니다. 이에 우리는 소련 대사관의 주의를 끌 만한 홍보나 영향 없이 언급한 절차를 이행하기 위한 적당한 때를 기다리기로 했습니다.

그리고 얼마 전에 그 기회가 찾아왔습니다. 조소앙씨가 프랑스 임시정부가 미합중국, 영국, 중국으로부터 정식으로 인정받은 것을 축하한다며 우호적인 편지를 저에게 보내왔길래, 직접 만나서 고마움을 전하고 싶다는 뜻을 전했습니다. 조소앙씨는 살고 있는 곳이 누추해서 그곳에서 저를 맞이하길 꺼렸던지 지난 11월 20일에 제 사무실로 찾아와 저와 애기를 나눴습니다.

조소앙씨는 프랑스 정부가 한국의 대의에 관심을 갖고 있다는 사실에 감격했습니다. 그는 과거에 파리에 체류한 적이 있고, 그곳에서 르노델Renaudel, 롱게Longuet, 카생Cachin과 친분을 쌓았다고 합니다. 이어 그는 프랑스의 레지스탕스 조직에 관해 명철한 질문을 이어나갔습니다. 대한민국 정부가 레지스탕스와 관련된 우리의 경험을 본받고자 했기 때문입니다. 조소앙씨는 젊은 학생 단체들이 주를 이루는 한국의 저항 세력과 비밀스럽게 접촉하고 있습니다. 그리고 얼마 전 시베리아 한국 정착민들의 밀사인 이Li가 임시정부와 접촉하기 위해 이곳까지 왔다고 합니다. 따라서 스크보르조프 씨가 앞서 말한 바와는 달리 대한민국 임시정부의 활동이 영향력을 전혀 발휘하지 못하는 것은 아니라고 생각할 수 있습니다.[49]

1945년 3월 12일자 전문에는 조소앙이 찾아와 프랑스 레지스탕스에 대한 정보를 요청했음을 밝히면서 또한 "프랑스 국가해방위원회가 인정받기 위해 점진적으로 사용하는 방법을 알려달라고 요청"했음을 보고하고 있다. 조소앙은 임정이 그해 샌프란시스코 회의에 초청받지 못한 상태에서 임정에 비교적 우호적인 "프랑스가 초청장 발송에 관여하지 않은 것을 몹시 유감스럽게 생각한다"고 말했다고 한다.[50]

하지만 1945년 3월 14일 조소앙은 국내외 기자 초청 간담회 치사 「임정의 샌프란시스코 회의 참가 필요성에 대한 담화」에서 이렇게 밝힘으로써 해프닝이 시작된다.

……동맹국의 승리가 가까워진 현 단계에서 한국 임시정부의 국
제 지위에 관해 말씀드리고자 합니다. 한국 정부는 국권을 회복하
고 민주 정치를 실현하기 위해 형식과 내용 모두에서 가장 이상적
인 방법을 취하지 않을 수 없습니다. 그 과정에서 대일 작전 역량을
증진시키기 위해 모든 혁명 역량을 정부에 일원화해 집중시켰습니
다. 아울러 국제 지위를 증진시키기 위해 동맹국의 동정을 환기시
켜왔습니다. 한국 정부가 동맹국에 승인과 무기조차武器租借를 요구
한 이후 프랑스 임시정부는 한국 정부를 사실상의 정부로 승인한다
는 뜻을 정식으로 표했습니다. 한국과 프랑스 두 나라는 이미 사실
상의 외교관계를 수립한 것이나 마찬가지입니다. 과거 미합중국이
독립을 선언했을 때 가장 먼저 실력 원조를 제공한 나라도 프랑스
였고, 맨 먼저 미국 독립을 승인한 나라도 프랑스였습니다. 프랑스
는 이전에 미국에 그랬던 것처럼 지금 한국을 대하고 있습니다. 프
랑스는 이번 전쟁에서 휘황한 승리의 전과를 올린 동맹국이 아닙니
다. 그럼에도 다른 동맹국에 앞서 한국 정부를 사실상 승인하니 깊
이 감사를 드립니다. 아울러 동서 각 동맹국이 한국의 입장에 동정
의 뜻을 표하고 샌프란시스코 회의에 한국 대표가 참가할 수 있도
록 도와주기를 바랍니다. 샌프란시스코 회의장에 휘날릴 45개 나
라의 국기 가운데 우리의 국기가 휘날릴 수 있기를 바랍니다. 한국
도 새로운 세계를 위한 국제법의 제정 과정에서 함께 책임을 나누
고 싶습니다.[51]

프랑스가 임정을 '사실상 승인'했다는 조소앙의 발언은 국제적으로 미묘한 파장을 일으켰다. 3월 26일 뷔랭 데 로지에 드골 장군 비서실 소속 서기는 질베르 파리 외무부 아시아-오세아니아 국장에게 프랑스의 임정 승인 발언 이후 드골 대통령에게 사의를 표하는 전문이 답지하는 데 대한 진상 파악을 지시한다. 사흘 후인 3월 29일 질베르 국장은 아래와 같은 회신을 보냈다.

한국의 여러 단체가 드골 장군에게 보낸 감사 서신들에 관한 귀하의 지난 3월 26일자 발 제 734/CAB.DIR을 잘 받아봤습니다.

이 모든 소란의 원인은 우리가 충칭의 대한민국 임시정부를 사실상 인정했다는 『유나이티드프레스』l'United Press』(합동 통신)의 허보였습니다.

제가 이미 며칠 전에 오프루아Offroy에게 해명하라고 지시했습니다. 충칭 주재 우리 대사관이 중국에 있는 대한민국 정부 인사들과 호의적인 관계를 유지하는 것은 사실입니다만 그 이상은 아닙니다. 어쨌든 감사의 표현을 받았다고 해도 향후 한국과의 관계에 도움이 되지는 않을 것입니다.52

프랑스가 임정을 '사실상 승인'한 것은 이렇게 '오보'로 정리되었다. 그 뒤 프랑스 외무부 장관 명의로 주미 프랑스 대사 앙리 보네에게 아래와 같이 주의를 환기하는 서한이 발송되었다.

1944년 11월 2일자 제132호 서신을 통하여 귀 대사관의 부서들은 외무부에 '주미 위원부'가 워싱턴에서 어떠한 공식적인 지위도 누리지 못하고 있으며, 이 조직은 다른 유사 조직들과 경쟁하고 있는데다, 주미 위원부 내에서 이승만씨의 지위에 대해 말이 많다고 전해주었습니다.

이 정보를 전달받은 중국 주재 프랑스 대사는, 충칭에 설립된 대한민국 임시정부의 외무부장 조소앙씨로부터 이승만씨가 대한민국 임시정부의 워싱턴 '주미 위원부' 수장이라고 밝혔음을 전해왔습니다. 조소앙씨는 귀 대사관이 임시정부의 대표와 호의적인 관계를 맺기를 바란다는 뜻을 표했습니다.

기회가 닿으면 이승만씨에게 예의를 갖추면서도 새로운 지시가 내려질 때까지는 주미 위원부에 대한 귀하의 태도가 프랑스 정부의 입장으로 여겨지지 않도록 주의하기 바랍니다.[53]

임정 승인이라는 오보 사태를 예의 주시하던 충칭의 미 대사관 측에서도 4월 9일자로 미 국무부 장관에게 보고 전문을 보냈다. 이 전문은 충칭 주재 프랑스 대사 페슈코프의 해명 발언, 즉 '사실상의 관계 유지' 그 이상도 이하도 아니라는 말을 재확인하고 있다.

프랑스 대사는 본인에게 선언문 사본 뭉치를 건넸고, 그가 2월 28일 대한민국 '임시정부'와 사실상의 관계를 유지하라는 대사관에 대한 비공식적인 정부 지시를 조소앙에게 알렸으며, 더 나아가 한국을 해방시키려는 노력에 대한 프랑스의 동정적인 관심과 한국이 신속하게 독립을 되찾아야 한다는 정부의 결정에 대해 조소앙에게 이야기했다는 취지로 외무부에 보냈다고 말했습니다.

더 나아가, 페슈코프 장군은 대한민국 임시정부와 사실상의 관계를 유지하는 것은 프랑스 대사관이지 프랑스 정부가 아니며, 그는 개인적으로는 4월 2일 오후 2시 560호 우리 전문의 두 번째 문단 두 번째 문장에서 이야기된 이유로 인해 이 한국 조직이 승인을 얻었다고는 생각하지 않는다고 말했습니다.

홍미로운 점은 이 전문에 첨부되어 있는 영국과 중국의 임정 승인에 대한 입장 확인이다. 주런던 미국 대사관이 4월 9일자로 미 국무부 장관에게 보낸 전문이다.

워싱턴 D.C.의 친애하는 국무부 장관님께

승인에 대한 '대한민국 임시정부'의 요구에 관한 1945년 2월 20일자 국무부 비밀 지령 5125호를 참고하시도록 말씀드리며, 여기 그 주제에 대한 〔영국〕 외무성으로부터의 편지를 동봉합니다.

'대한민국 임시정부'의 승인을 고려할 당장의 이유가 없다는 국무부의 의견에 외무성이 동의하고 있다는 것, 그리고 1944년 9월 5일 오후 5시 대사관 전문 7246호에 언급된, 김구와 조소앙이 외무성에 보낸 편지에 대한 답장이 이루어지지 않은 채 남아 있을 것이라는 사실이 주목될 것입니다. 외무성 편지에서는 블라디보스토크에 존재한다고 알려진 '한국해방위원회Korean Liberation Committee'에 대한 정보가 없다는 점 역시 언급되어 있습니다.

존경을 담아,

대사를 대신하여
존 M. 앨리슨
대사관 2등 서기관

그리고 이 전문에는 4월 5일자 영국 외무성의 스턴데일 베넷 Sterndale Bennett이 주영 미국 대사관 앨리슨에게 보낸 서한도 첨부되어 있다.

친애하는 앨리슨

지난 2월 28일 귀하의 편지에 대해 감사를 표합니다. 귀하는 그 편지에서 장제스 총통의 수석 비서관과의 논의 이후 국무부가 '대한민국 임시정부'의 승인이 현재로서는 보류되어야 한다는 결론에 이르렀다고 말했습니다. 본인은 국무부와 우리가 이 문제에 대해 같은 마음이라는 것을 알게 되어서 기쁘며, 귀하는 1944년 9월 4일 본인이 귀하에게 보낸 편지 F 3299/102/23에서 본인이 우리 쪽에서는 현재 '대한민국 임시정부'의 승인을 고려해야 할 이유를 찾지 못하겠다고 말한 것을 기억하실 터입니다. 제 편지에서 참고하시라고 말씀드렸던, 김구와 조소앙으로부터 온 편지 두 통은 답장이 이루어지지 않은 상태로 남아 있을 것입니다.

편지의 마지막 단락과 3월 4일 본인과의 대화에서, 귀하는 우리가 블라디보스토크의 '한국해방위원회'에 대해 알고 있는 정보가 있는지를 물었습니다. 귀하도 아시듯 우리는 그 항구도시에 대표를 보내고 있지 않으며, 지난 6월 우리가 모스크바에 있는 우리 대사관에 러시아의 한국인들에 대해 문의했을 때 우리 대사관에서는 귀국 대사관에서 얻은 정보에 따라 블라디보스토크 지역에 남아 있는 한국인은 없으며 러시아에서 한국인 지도자를 훈련시키려는 어떤 시도에 대해서도 들은 바가 없다고 대답했습니다. 우리는 그 뒤 더 이상의 정보를 얻지 못했습니다.

진심을 담아,

J. C. 스턴데일 베넷54

결국 조소앙의 발언이 일으킨 파장을 통해 확인된 바는 우선 프랑스의 대임정 정책은 사실상 승인이 아니라 관계 유지에 한정된 것이라는 점이다. 그리고 프랑스의 입장을 재확인하는 과정에서 미·영·중 3국이 임정 불승인이라는 확고한 공조 체제를 구축하고 있다는 점이 소상히 드러난다는 사실이다. 어쨌든 이후 프랑스의 대임정 접근은 어디까지나 '비공식적인' 것으로 규정되었다. 일본이 항복한 후 임정이 드골에게 보낸 9월 18일자 메시지에 대해서도 프랑스는 그것의 비공식성을 강조하고 있다. "현재 김구씨의 정부를 인정한 어떤 연합국도 없으므로 아시아-오세아니아국은 페슈코프 장군이 상기 메시지를 비공식적으로 받도록 했습니다."[55]

1945년 6월 27일 피에르 샤르팡티에Pierre Charpentier 주모스크바 프랑스 대리공사는 프랑스 외무부의 요청으로 조르주 비도Georges Bidault 외무부 장관에게 「한국 문제에 대한 의견서」를 제출한다. 소련의 전후 대한 정책에 대한 보고서다. 요컨대 한반도에 소련의 국익을 거스르는 정치 세력의 등장을 결코 용납하지 않을 거라는 메시지다. 강대국의 힘의 정치에 대한 프랑스식 접근의 흥미로운 사례라 여겨 전문을 인용해본다.

한국 문제에 관한 의견서

소련이 한국에 대해 품고 있는 의도에 관해 정확한 정보를 구하기가 지금까지는 불가능했습니다. 모스크바의 언론은 한국 문제를 한 번도 거론한 적이 없고, 소련 인사를 만나 이 사안에 대해 말을 꺼내도 신빙성 있는 의견을 얻을 수 없을 것입니다. 모스크바에 주재한 다른 외국 대사관들도 조금이라도 베일을 벗기는 데 우리보다 더 성공하지 못했습니다. 따라서 외무부의 요청에 의해 소련의 대한국 정책의 여러 가능성을 검토하려면 소련의 침묵을 고려해야 합니다.

카이로 회담에서 엄숙하게 선포되었던 장래 한국의 독립 원칙이 소련의 의견을 흔들어놓지는 않을 것이며, 처칠 씨와 루스벨트 대통령이 회의에 며칠 앞서 테헤란에서 독립 원칙을 선포함으로써 소련 정부의 의도에 반하는 일은 없으리라는 점을 확실히 해두었다고 짐작할 수 있습니다.

한편 소비에트연방은 얼마 전에 샌프란시스코에서 보여줬다시피 아직 해방되지 못한 민족들이 모두 독립해야 한다는 점에 이데올로기적으로 지나치게 매달리고 있기 때문에 한국 독립 문제의 선봉에 설 수밖에 없습니다.

그러나 소련인들의 눈에 한국의 독립은 무엇보다 드디어 회복된 자유 덕분에 한국 민족이 북부의 이웃 강대국과 실질적인 관계나 법적으로 긴밀하면서도 매우 우호적인 관계를 수립할 자유를 다시 쟁취한 것으로 보입니다.

결국 소련의 대한 정책의 문제점은 한국이 해방되는 순간 한국과 소련이 긴밀한 관계를 수립할 필요성을 확신한 한국인들에게 한국 민족 전체의 이름으로 발언권을 줘야 한다는 것에 있는 듯합니다.

이는 소련 정부가 충칭 주재 대한민국 임시정부와 외국에 있는 한국인 인사들에 대해 냉담한 반응을 보이는 이유를 설명해줍니다. 이들은 소련과 한국의 깊은 우정에 대한 확실한 옹호자가 되기에는 부르주아적 민주주의 사상을 지나치게 많이 접했습니다.

소련이 중국이나 미국에 있는 한국인들에게 신중한 태도를 보이는 이유는 또 있습니다. 그것은 완전히 이론적입니다. 레닌의 이론은 민중의 이름으로 행동할 것을 요구하는데, 한국 민중은 아직 조직화되지 못했기 때문에 외국에 있는 한국인들은 원래 정의상 한국 민중으로부터 권한을 위임받았다고 주장할 수 없는 개인들일 뿐입니다.

이런 이론적 이유는 왜 소련이 한국 문제에서 입장 표명을 거부하고, 철저히 침묵으로 일관하는지도 설명해줍니다. 레닌의 이론대로라면 문제를 제대로 거론하기 위해서는 한국 민중과 접촉이 가능해질 때까지 기다려야 합니다.

한국 민중과의 직접적인 접촉이 세심하게 준비되고 있을 가능성은 매우 큽니다.

일소중립조약pacte de neutralité nippon-soviétique 체결 이후, 일본과의 분쟁을 피하기 위해 취해진 조치 가운데 하나는 연해주Province Maritime 한국인들의 강제 이주였습니다. 그것은 수천 명의 한국인을 다른 곳으로 보내 집단적으로 살도록 한 조치였습니다. 소련은 첫 번째 한국 군대이자 정치 간부가 될 수 있는 이 인력을 정치적·사회적·군사적으로 교육시키는 것을 잊지 않고, 이미 다른 곳에서 정치 교육을 받고 어떤 인맥을 유지할 수 있었을지도 모르므로 소련에게는 훨씬 덜 안전한 요소를 형성한 또 다른 세대의 한국 혁명가들보다 그들을 쓸 생각을 하고 있음을 볼 수 있습니다.

소련이 이미 확보한 지리적·전략적 우위와 함께 이와 같은 강점을 가진 것이 확실하다면 그들과의 접촉이 소련 정부가 애써 지키려고 하는 운신의 완전한 자유를 해할 뿐인 대한민국 임시정부와 외국에 있는 그들의 지지자의 비위를 맞출 필요를 전혀 못 느끼는 것도 납

득할 수 있습니다. 항상 여러 가능성을 열어놓는 것이 소련 외교 정책의 원칙입니다.

소련이 구상하는 한국 민중에 대한 직접적인 행동 계획은 관동Kouan-Toung과 한국에서 일본 붕괴 시의 군사적 상황에 달려 있습니다. 연합군 함대가 연안에 닿기도 전에 소비에트연방이 한국 전역을 해방시킬 수도 있지만, 앵글로색슨계가 서울 가까이 상륙해서 수도를 가장 먼저 손에 넣을 수도 있습니다.

어쨌든 소련의 정책은 한국이 이탈리아처럼 바다로 둘러싸인 나라라는 점과 따라서 바다와 하늘을 손에 넣어야만 한국의 운명을 좌지우지할 수 있다는 점을 고려해야 합니다. 그러나 소련 정부는 한국 민중에게 영향력을 행사할 수 있다는 이점을 혼자 쥐고 있는 상황이 충분히 유리하기 때문에 한국 문제 해결을 두고 벌어질 연합국 간의 논의 시점을 계속 늦출 필요가 있다는 점을 알아두어야 합니다. 그래야 이데올로기적으로 소련에 가까운 한국 해방 정부가 수립되고, 소련의 존재가 한국의 정치와 이해관계에 크게 도움이 될 것을 기대할 수 있습니다. (⋯)

이 문제에 관하여 모스크바에서 수집할 수 있는 정보량은 극히 미미한데, 그 정보의 대부분조차 블라디보스토크 주재 미국 영사관에서 간접적으로 흘러나오는 것으로, 그것들은 사고의 유희가 아닌 이상 제대로 된 논리를 세울 수 없습니다.

전반적으로 확실해 보이는 것은, 소비에트연방이 어떠한 유럽의 강대국도 극동에서 자신들을 거스를 만한 영향력을 행사하는 것을 용

임정, 거절당한 정부

인하지 않을 것이며, '독립' 공화국이든 정치적 방어벽이든 한국이 그 어떤 형태로든 소비에트연방의 이해권 안에 포함되지 않는 것도 용인하지 않을 것입니다.

샤르팡티에56

5. 소련과 임정 승인

미국과는 달리 러시아 측이 역사 문서 공개 자체에 소극적이고 또 극히 일부만 공개하는 까닭에 소련의 임정 승인에 대한 직접적인 자료를 찾기는 쉽지 않다. 그렇기에 KGB의 전신인 소련 국가안전 인민위원부가 작성한 「중국 내 조선 민족주의 단체들에 대한 보고」라는 1945년 1월 17일자 비밀 문건[57]을 통해 간접적으로 그 방향을 추론해볼 수밖에 없다. 이 문건은 당시 임정 내부의 상황을 자세히 정리하고 있다. 1937년 중일전쟁 이후 중국 내 조선인 망명 조직과 임시정부는 자신의 활동을 합법화하고 확대할 가능성을 발견했는데, 이들은 신문, 잡지 등을 발간하면서 임정의 승인을 얻기 위한 캠페인을 전개했음을 전제하면서 임시정부 내 상황을 기술하고 있다.

소련 측이 임정 조직 가운데 가장 관심을 기울인 곳은 조선민족혁명당이었다. "조선민족혁명당은 중국뿐 아니라 미국 내 진보적

대한인동지회 하와이 총회 임원들.

망명 조선 정치 단체 가운데 가장 유력한 조직이다. 대다수의 구성원은 군인이다. 구성원 대부분이 특수 지역에 거주하고 있으며, 중국 공산당과 협력하고 있다. 한 자료에 따르면 조선 내 당원 수는 1000명 이상인 것으로 파악된다. 조선민족혁명당은 당 조직과 대표자들을 둔 미국이나 하와이 제도 거주 조선인들의 절대적 지지를 얻고 있는데, 이곳으로부터 정기적으로 재정적 지원을 받는다. 특히 당은 미국 내 중한민중동맹단의 지도자를 맡고 있는 한길수 대표를 두고 있다."[58]

한국독립당에 대해서는 이렇게 보고하고 있다. "두 번째로 큰 당은 1919년 조선 독립운동 참가자들에 의해 지도되고 있는 한국 독립당이다. 이 당은 중국과 미국 내 보수 성향의 망명자들이 연합한 것으로, 중국 정부 내 반동적 조직의 지원을 받고 있으며, 이 당의 발기인이자 사무총장인 출세지향적 반동주의자 김구의 영향 아래 있다. 명백히 과장된 김구 자신의 자료에 따르면 이 당은 미국(하와이 제도 포함)에 6000명, 중국에 2000명 이상(충칭 150명 포함), 조선에 6만 명의 당원을 보유하고 있다고 한다. 대한독립당은 미국 내 조선인 망명자 사이에서 큰 권위를 갖고 있지 않다. 당의 미주 지역 대표는 1919년 대한민국 임시정부를 창립한 이승만이다. 정보에 따르면 김구는 1943년 후반 이승만과의 관계를 형식적으로 끊었다. 당 지도부는 임시정부 안에서 여러 장관직을 맡고 있다. 대한독립당은 정부 내 지지 세력을 통해 혁명적 성향의 애국지사들을 박해하는 등 오랜 기간 보수적인 정책을 주도했으며, 중국 경찰과 협력해 김약산의 지지자들을 체포하고 탄압했다. 중국 국민당의 반동 세력의 지원을 등에 업고, 독립당은 조선의용대를 약화시키고자 했으며 조선 망명사회의 불화를 초래하고 조선민족혁명당의 파괴 공작을 펼쳤다." 즉 소련 측은 기본적으로 이념적 입장에 따라 조선민족혁명당을 선호하고 있었다고 할 수 있다.

마찬가지로 임정에 대해서도 "중일전쟁이 시작된 뒤에야 임시정부는 공식적으로 활동을 재개하고 중국, 미국, 기타 연합국들의 승인을 받기 위해 외교활동을 펼쳤다. 근년 들어 임시정부의 모든 활동은 김구에 의해 이끌어지고 있는데, 그는 국민당 내 반동 세력

이승만과 김구. 대한독립당 미주 지역 대표는 이승만이었고, 김구는 1943년
하반기에 이승만과의 관계를 형식적으로 끊었다.

의 영향 하에 있으며 장제스 정부로부터 보조금을 받고 있다. 임정의 정책은 주로 한일합병 이전에 존재했던 정부와 같은 성격의 정부를 조선에 수립하려는 보수적 망명자 세력의 시도를 반영하고 있다. 김구는 정부의 한 공식 회의에서 '미래의 조선은 여느 아시아 국들과 다른 나라일 수도, 다른 나라여서도 안 되며, 혁명적이 될 수는 없다'고 직설적으로 선언했다. 정책적 이견으로 싸우는 김구와 김약산의 두 조선 망명자 당의 투쟁은 계속될 것으로 보인다. 장제스 정부는 조선 망명자들을 통합하고 단일한 조선인 당과 정부를 만들려는 시도를 여러 차례 했다."[59]

이어서 문건은 중국, 미국, 영국의 임정 관련 활동을 보고하고 있다. 먼저 장제스 정부는 "한국독립당과 임정 편에 서 있기는 하나 조선민족혁명당을 멀리하지도 않는다. 1942년 말 장제스의 개인 명령으로 조선 문제 해결을 전담할 정부의 특별 3인 위원회(위원장은 국민당 중앙집행위원회 사무총장 우톄청)를 만들었다. 장제스가 3인 위원회에 부여한 주요 과제 중 하나는 임시정부 주변의 제정당, 단체들을 통합하는 것이었다. 이를 위해 중국 정부는 김구와 김약산에게 제공하던 자금을 일시에 끊기도 했다. 결과적으로 김구가 모든 돈을 챙겨왔다. 김구의 자금 지원 독점에 대항한 김약산의 운동이 성공한 결과 중국 측은 자금 지원 체계를 재검토하게 됐고, 결국 1943년 6월부터 김약산의 당은 다시 중국 정부로부터 매달 3만 중국 달러를 정기적으로 지급받았다."

이 문건은 특히 카이로 회담 직전에 중국 측이 상당히 적극성을 보였음을 지적하고 있다. "장제스가 1943년 7월 26일 조선 지도자들(김약산, 김구, 임정의 세 장관, 조선광복군 사령관)을 접견한 뒤, 국민당 중앙집행위 사무총장 우톄청은 충칭에 있는 여러 조선인 망명 지도자와 정기적으로 접촉하기 시작했다. (…) 최근 들어 중국 측은 한편으로는 언론을 통해 임시정부를 치켜세우고 다른 한편으로는 조선인 내부에 막후 공작을 강화하고 있다. 사무총장 우톄청, 교육부장과 주자화, 입법원장 쑨커 등은 새로 선출된 임시정부 지도자들에게 아래 문제들을 검토할 업무 계획을 세우도록 제안했다. 1) 새로 구성된 대한민국 임시정부에 대한 중국의 승인 문제 2) 임시정부에 대한 중국의 재정 지원 체계 확정 3) 중국 영토 내에서 임시정부의 군대 창설 허가 문제 4) 임정 외무부장 조소앙이 임정 승인과 관련한 미국 측의 입장 확인과 미국의 물적 지원 확보를 위해 대표단(5인으로 구성)을 인솔하여 방미를 허가하는 문제. 1944년 7월부터 중국의 보안 기관은 충칭 주재 미국 무관의 협조하에 김약산을 중심으로 일본의 중국 내 점령 지역과 조선 영내에서 활동할 조선인 유격대를 창설한다."[60]

다음으로 미국과 조선의 문제에 대해서는 먼저 미국이 "조선의 광산업에 많은 자본을 투자했다. 태평양 전쟁 전 조선에 있는 금광은 거의 모두 미국인 소유였다. 그들은 조선에 선교단, 복지기관 지부 등을 보유하고 있다. 미국인은 약 50만 명(1938년)의 조선인이 기독교에 눈을 돌리도록 하는 데 성공했다"고 밝힌다. 아울러 "태평양 전쟁 발발과 더불어 미국은 조선의 문제에 한층 더 주의를 기울

1943년 10월 5일 야전 훈련 후 촬영한 제88국제여단 대원들. 맨 앞줄 왼쪽부터 바탈린N. S. Batalin, 巴达林(소련), 정치 부여단장 리자오린李兆麟(일명 장서우젠張壽錢, 중국), 왕이즈王一知(저우바오중 부인), 여단장 저우바오중周保中(중국), 김일성金日成(제1영장, 조선), 부여단장 시린스키Тимофей Ширинский, 什林斯基.

이기 시작했다. 일본과의 전쟁을 위해서뿐만 아니라, 종전 후 조선에서 미국의 입지를 확보해줄 친미 인사들을 양성하기 위해 조선의 민족주의 운동을 이용하기 시작했다."

그리고 미국 내 조선인 조직 가운데 특히 친김약산계인 한길수의 중한민중동맹단과 이승만계의 갈등에 주목한다. "한길수 조직이 일제와 철저히 투쟁하는 입장을 견지하는 반면, 이승만파는 일본인 침략자들과 싸우기 위한 조선인의 역량 결집에는 전혀 관심이 없고 자신들의 조직이 조선인의 유일한 대표 기구로 인정받기

　　　　　　　　　　　　　　　임정, 거절당한 정부

위해 미 정부 내 인맥을 활용하는 데에만 애쓰고 있다." 당시 이승만의 주미 외교위원부는 친한 로비 단체인 한미협회를 조직한 바 있는데 루스벨트 행정부에서 캐나다 특명 전권공사를 지낸 제임스 크롬웰James H. R. Cromwell이 회장이었다. 미 국무부 장관 코델 헐은 이 한미협회에 보낸 "1942년 5월 20일자 공식 서한을 통해 어떤 조선인 망명 단체도 조선의 임시정부로 인정할 수 없다고 밝혔다. 헐의 거절은 주로 미국 내 조선인 단체가 전체 조선 인민의 공식적인 권한 위임을 받고 있지 못하며 여러 조선인 망명 단체 사이에서 이견과 충돌이 계속되고 있는 상황을 고려한 것"이라고 평가했다.

또한 이 문건은 "중국 내에서는 미국 무관 필립스와 그의 조력자들이 조선의 문제를 다루고 있다. 그들은 향후 조선에 친미 정부를 수립하기 위해 조선의 민족주의 운동을 열심히 연구하고 영향력 있는 망명 인사들과 교제한다. 김구를 수반으로 한 대부분의 임정 인사들이 중국 정부에 줄을 대고 있는 것을 고려하여, 미국 측은 임정 외무부장인 조소앙을 발판으로 김약산 지지자들 사이에 공작을 펴고 있다"[61]고 했다.

영국의 경우에는 일본 점령지와 조선 영내에서의 첩보활동, 인도 내 일본군 포로에 대한 선전과 통역 업무 등에 활용하기 위한 것이 주된 내용이라고 적고 있다. 그리고 실제로 1943년 6월 말 인도에서의 선전활동을 수행할 조선인 현지 파견에 대한 합의가 김약산과 주인도 영국군 대표 콜린 매킨지 사이에 체결되어 그해 9월 일단의 조선인 그룹이 캘커타로 출발했다. 그런데 영국 측에서는

15~20인의 요원을 추가로 파견하고자 했지만 중국 측이 비자 발급을 거부하면서 이를 방해한다고 보고하고 있다.

전반적으로 당시 소련 정보 당국은 임정의 내부 사정과 임정 승인에 관한 미·영·중의 동향을 상당한 수준으로 파악하고 있었다. 그리고 김구보다는 김약산에, 한국독립당보다는 조선민족혁명당에, 이승만보다는 한길수에 우호적인 태도를 보이고 있었다. 유럽 전선에서와는 달리 소련은 1945년 8월 9일 만주 침공까지는 대일 개전 전이었기 때문에 임정 승인 문제에 있어 상대적으로 자유로웠다고 할 수 있다. 설사 임정 승인 문제가 현안으로 부각되었다 하더라도 임정과의 관계가 김구 세력에 기울어져 있다면 굳이 먼저 이 문제에 대한 방안을 내놓을 내적인 유인도 크지 않았다. 소련으로서는 대표성과 대중적 기반이 미미한 임정 외에 또 다른 카드를 준비할 수 있었기 때문이다. 여기엔 사상 이념이나 노선에서 임정과 성격을 전혀 달리하는 공산 계열의 독립운동 흐름이 무엇보다 가장 강력한 요인이었다.

앞에서 본 것처럼 미·영은 물론이고 중국과 프랑스의 전문에도 부단히 언급되는 것이 소련 영내의 조선인 부대다. 이들은 때로는 두 개 사단으로, 때로는 두 개 여단으로, 때로는 수만에서 수십만까지 도무지 그 정확한 실상이 포착되지 않은 채 막연한 안갯속 공포의 대상이었다.

1935년 8월 코민테른 제7차 대회에서 반파시즘 통일 전선 노선이 결정됨에 따라 중국에서는 둥베이항일연군이 조직되면서 다시금 항일 투쟁을 재구축하고자 시도한다. 하지만 일제의 집요한 토벌 작전에 밀려 1940년경 그 세력은 거의 궤멸 직전까지 내몰렸다. 둥베이항일연군 제1로군 역시 제2방면군 군장 김일성을 제외하고는 대부분 사망하거나 투항한 상태였다. 1939년, 1940년 2차에 걸친 하바롭스크 회의를 통해 소련은 항일 유격대 대원들을 소련 영내인 연해주로 불러들여 소련의 극동군에 편입시키고자 한다. 마침 1941년 4월 13일 소일중립조약이 체결됨으로써 일본은 몽골인민공화국에 대해, 소련은 만주에 대해 영토 보전과 불가침을 공표했다. 남방 진공을 준비 중이던 일본은 북방의 위협을 제거하길 원했고, 발칸반도에 대한 독일의 침공 위협 속에서 소련은 또 다른 전선을 구축할 상황이 아니었기 때문이다. 따라서 1941년 4월 이후 연해주로 넘어간 항일 유격대가 다시 만주로 진출하여 항일 투쟁을 전개하는 것을 소련으로서는 허용할 수 없는 조건이 만들어진 것이다. 이렇게 연해주 북쪽 하바롭스크 북동쪽 70킬로미터 지점 아무르 강가 마을에 북야영(A야영)이, 연해주 남쪽 블라디보스토크 인근 보로실로프(현 우수리스크) 근처에 남야영(B야영)이 설치되었고, 만주에서 탈출한 항일연군이 여기에 들어가게 되었다.

1942년 8월 1일, 만주 항일 유격대와 몽골 등 아시아계 소수민족 출신의 소련 군인들 그리고 탈출한 만주군으로 소련 극동 전선군 제88특별정찰여단이 창설되었다. 총병력은 1354명이고 민족별 구성은 중국인 373명, 조선인 103명, 나나이족 316명, 러시아인

462명이었다. 소련 극동군 사령부의 지휘를 받는 88여단의 여단장은 저우바오중이었는데, 조선인으로는 최용건이 부참모장, 그리고 김일성은 제1대대 대대장 직책을 부여받았다. 이 캠프에서는 군사 훈련과 소련 공산당사를 비롯한 정치 학습이 주된 일과였다. 당시 여단장인 저우바오중은 소련 극동군 총사령관 바실레프스키 원수에게 보낸 1945년 8월 24일자 보고서에서 이렇게 말하고 있다.

소련 영토 내에 있는 제88정찰여단은 폴란드·체코슬로바키아 등 빨치산 부대들의 모범에 따라 군사·정치 전문가 양성이 핵심이었습니다. 그뿐 아니라 중국 인민의 해방을 위해 일제를 몰아내는 투쟁에 붉은 군대와 함께 적극 참가하기 위해 군부대인 여단도 준비했습니다. 여단에는 소련 공산당의 협력과 여단 정치위원회의 총체적인 지도 아래 그들과 밀접한 접촉을 가지며 독자적으로 활동하는 중국 공산당과 공청이 있습니다. (⋯) 3년간 여단 장병들의 정치·교양 사업은 극동 전선군 군사위원회의 특수 강령에 따라 진행됐습니다. 전투를 준비하면서 병사와 부사관들을 전쟁 때 부대장이나 대대장이 되도록 준비시키며 만주의 중국 주민들 속에서 정치사업을 전개할 수 있도록 하고, 나나이족 병사를 군부대장으로 양성할 과업이 세워졌습니다. 1945년 6월에 이 과업은 모두 완료됐습니다.[62]

1945년 8월 소련 국방성은 제88여단의 조선인을 북한에 파견하기로 결정하고 그 명단을 제출할 것을 지시했는데 이 명단에는 제88여단 제1 대대 대원 60명의 명단이 수록되어 있었다.[63] 여기에는 김일성, 오진우, 김책, 최현 등 북한 정권 수립에 주축이 되는 인물 대부분이 등장한다. 이 과정에 대해 기광서는 다음과 같이 평가하고 있다.

> 소련 입장에서 해방된 한국이 소련에 우호적인 국가로 전환되려면 당연히 그 지도부에는 친소적인 인물이 포진해 있어야 했다. 이는 '순수' 국내 정치 세력들을 제외하고 해방 정국의 주도권을 다투었던 인물과 세력, 즉 이승만, 김구의 임시정부, 연안 독립동맹이 제각기 미국, 중국 국민당, 중국 공산당의 지지를 받았던 것과 동일한 차원으로 볼 수 있다. 이러한 맥락에서 소련이 '예측과 통제'가 동시에 가능한 인물인 김일성을 지원한 것은 지극히 당연한 일이다. 그 같은 이유로 김일성의 정치적 부상은 좀더 현실적이었고 그에게 위협적인 요소는 적을 수밖에 없었다.[64]

미국이 소련 측에 신탁통치안을 공식적으로 표명한 때는 1945년 2월 얄타 회담이었다. 이에 대한 소련의 기본 입장은 찬성이었다. 그러나 소련이 이해한 신탁통치는 '후견opeka' 개념이었다. 이에 대해 1945년 12월 모스크바 3상회의에서 소련은 미국식 신탁통치를 '식민화'로 규정하고 후견은 '국가적 독립의 확립을 위한 원조 및 협력 대책'이라고 규정한다.[65] 기본적으로 자국의 안보 이익에 기초한 소련의 입장은 한반도에서 일본의 영구적 축출, 미래 한반도에 수립될 정부가 일방적으로 친미 혹은 친중적이어서 소련에 적대적이어서는 안 된다는 점, 그리고 이를 위해 '어떤 형태의 후견이 이루어질 경우 소련은 여기에 당당히 참여해야 한다'는 점이었다.[66]

비록 그 이해 혹은 접근 방식이 다르기는 하지만 결국 원칙적으로 소련 역시 미국의 신탁통치안에 동의한 만큼 임정 승인은 아예 의제 설정 자체가 불필요한 사안이었을 거라고 판단된다. 나아가 미국, 중국 등과 마찬가지로 미래의 한반도에 수립될 정부가 반소적이어서는 안 된다는 이유로 자신에게 가장 가까운 정치 집단을 훈련하고 준비해둘 필요가 있었다. 당연히 그 집단이 임정은 아니었다.

5장

임정 승인,
국제법 대 국제정치

임정의 승인 프로젝트는 결국 좌절되었다. 전 세계 어느 나라로부터도 임정은 승인을 받지 못한 것이다. 물론 여기에는 임정 내부 요인이 있었음을 부인하기 어렵다. 국내 기반을 공고히 구축하지 못했으며, 내부의 분파주의 역시 빌미로 작용했다. 둥베이 지역의 항일 유격대와도 단절되어 있었다. 외교 우선주의에 '의열 투쟁'이 결합된 운동 방식에 치우치다보니, 정작 임정의 군대인 한국광복군이 결성된 것은 중일전쟁이 발발하고 임정이 충칭에 입성한 뒤인 1940년 9월이었다.[1] 그렇지만 이런 요인들 때문에 승인에 실패했다고 하는 것은 상황을 지나치게 단순하게 본 것이다. 무엇보다 관건은 미국의 전후 구상 혹은 동아시아 전략으로서 국제 공동 관리 신탁통치 계획이었다. 이는 단순히 한반도만을 대상으로 한 게 아니었다. 그것은 세계적인 초강국 미국의 구식민지·종속국에 대한 전후 처리 노선이었다. 여기에 한반도가 갖는 지정학적 특수성을 감안할 때, 그 노선이 미·소 협력을 통한 4개국 신탁통치로 표현되었다는 점이 특수할 뿐이다.

일반적으로 망명정부에 있어서는 망명 수용국의 승인이야말로 단순한 선언적 효과를 넘어 '창설적konstitutiv'인 의미와 비중을 가진다고 볼 수 있다. 그런데 여기서 "한편으로 망명정부로서의 승인과 다른 한편으로 자신의 국가 영역 내에서 주권활동을 허용하는 망명 수용국의 사후적 허가 내지 사전적 동의가 구분되어야만 한다".[2] 그러므로 여기에는 체재 허가부터 치외법권, 면세권, 소극적 영사권 등과 해당 체재국 영역을 제외한 망명정부의 권한 행사까지도 포함된다. 이러한 경우 이는 "국제법적 승인의 특수한 한 형태"로 간주될 수 있다고 보는 논자도 있다.[3] 이렇게 본다면 승인의 특수 형태이긴 하지만 그것 역시 승인이 아닌가라는 추론도 가능해진다. 하지만 여기서 국제법학에서 말하는 '사실상의de facto 승인'과 '법률상의de jure 승인'에 대해 언급해둘 필요가 있다.[4] 라우터파흐트의 이론에 의하면 국가성statehood을 구성하는 본질적인 요건으로는 독립된 정부, 실효적인 권위effective authority, 확립된 영토가 있다. 법률상의 승인이란 이 요건을 충족시키는 경우를 말하는 데 반해 사실상의 승인은 '실효적인 권위'를 행사하지만 다른 조건을 만족시키지 못하는, 즉 '완전한full 법률상의 승인' 조건을 충족시키지 못한 경우라는 의미다.[5] 하지만 이러한 관점에 대한 현실의 국제관계에 입각한 유력한 반론 역시 존재한다. 이에 따르면 사실상의 승인이란 "자신의 고유한 의미를 갖지 못하는 단지 법률상의 승인의 반대말일 뿐"이라는 것이다. 그래서 실제적인 국제 관행으로 보자면 "승인이란 법률상의 승인과 동의어"이며, 흔히 일국의 정부 관료가 "어떤 정부가 사실상 승인받았다고 말하는 것은 곧 승인받지 못한 정부"라는 의미다.[6] "사실상의 승인과 법률상의 승인은 그러므로 전자가 관계를 유지하고자 하는 일반적인 의사willingness를 표현하는 데 반해, 후자는 특정한 종류의 관계, 즉 정상적인 정부 대 정부 관계를 유지하고자 하는 의사를 표현하는 것이다."[7]

따라서 승인이란 곧 법률상의 승인을 의미한다고 할 것이며, 이때 가끔 등장하는 사실상의 승인이란 관계를 유지하겠다는 일반적인 의사 표명으로 이해할 수 있다. 그리고 위에서 언급했듯이 굳이 승인이란 국제법상의 개념을 사용하지 않더라도 승인과 구분되는, 망명정부에 의한 망명 수용국 영역 내에서의 주권 행위의 허가 내지 동의 역시 얼마든지 가능하다.

망명정부의 주권활동 허가와 망명정부 승인에 대한 논리적으로 가능한 경우의 수는 다음과 같다.

(1) 주권hoheitlich 활동에 대한 망명 수용국의 허가를 포함한 승인과 여기에 최소 하나의 제3국 승인을 받은 경우
(2) 주권활동 허가를 포함해 망명 수용국의 승인을 받았지만 어떤 제3국 승인도 받지 못한 경우
(3) 주권활동 허가 없이 망명 수용국과 최소 하나의 제3국 승인을 받은 경우

(4) 주권활동 허가를 받았지만, 망명정부로서 승인을 받지 못한 채 별도로 제3국의 승인을 받은 경우

(5) 주권활동 허가를 받았지만, 망명정부로서의 승인이나 별도로 제3국의 승인 역시 받지 못한 경우8

다시 임정의 사례로 돌아가보자. 임정은 위에서 말한 유형 가운데 다섯 번째, 즉 주권적 활동의 허가를 받았지만 중국, 곧 망명 수용국의 승인과 그 외 제3국의 승인을 얻지 못한 경우라 볼 수 있다. 망명정부의 주권 행위 가운데 가장 두드러지는 것은 역시 군사력의 보유와 운용에 관한 것이다. 1940년 9월 15일 김구는 「한국광복군 선언문」을 발표한다.

> 대한민국 임시정부는 대한민국 원년에 정부가 공포한 군사조직법에 의거하여 중화민국 총통 장제스 원사의 특별 허락으로 중화민국 영토 내에서 광복군을 조직하고 대한민국 22년 9월 17일 한국광복군 총사령부를 창설함을 자에 선언한다.9

즉 장제스 정부의 "특별 허락"으로 "중화민국 영토 내에서" 임정의 군대를 비로소 창설하게 되는 것이다. 하지만 1937년 중일전쟁 발발 이후 김원봉의 민족혁명당이 조직한 조선의용대는 조선혁명군 창설을 목표로 하고 있었다. 그렇지만 국민당 정부가 이를 가로막고 있는 상황에서 1940년 말부터 이듬해 초에 걸쳐 병력의 3분

의 2가 화북 지역으로 이동해 조선의용군을 결성한다. 이는 사실상 중국 공산당과의 합작을 의미하는 것이기에 장제스 정부는 광복군을 완벽히 자신의 통제하에 두기를 원했다. 즉 '특별 허락'의 대가로 요구한 것이 '한국광복군9항 행동 준승準繩'이었다. 임정의 국내 진공 때까지 한국광복군의 작전권과 지휘권을 중국 국민당 군사위원회에 귀속시킨다는 것이 그 골자다.

1. 한국광복군은 중국의 항일 작전 기간 중 본회에 직속하며, 참모총장이 장악하여 운용한다.

2. 한국광복군은 중국에서 항전을 계속하는 기간 및 한국독립당의 임시정부가 한국 본토로 추진되기 이전에는 우리 나라 최고 통수의 유일한 군령을 접수하되 어떠한 기타 군령을 접수하거나 기타 정치 통제를 받아서는 안 된다. 한국광복군과 한국 임시정부 사이의 모든 관계는 우리 나라 군령을 받는 기간에 가졌던 명의 관계를 보류한다.

3. 본회는 한국광복군이 한국 본토 및 한국 변경 지역으로 접근하여 활동할 수 있도록 지원하며, 중국의 대일 항전 공작에 배합시키는 것을 원칙으로 한다. 한국광복군은 피점령지를 주요 활동 지역으로 해야 하며, 부대의 편성과 훈련은 중국 전구 제1선(군급 부대 전방) 지역에서 실시하되, 해당 지역의 중국군 최고 지휘관의 통제를 받아야 한다.

4. 한국광복군은 전구 제1선 후방 지역에 있어서 전구 사령관의 소

재지 및 본회의 연락 통신 기관이 설치된 곳에서는 모병이나 임의 주둔 등의 활동을 할 수 없다.

5. 한국광복군 사령부의 소재지는 본회에서 지정한다.

6. 한국광복군은 피점령 지역이나 전구의 후방 지역을 막론하고 중국 국적을 가진 사병이나 행정 관리를 모집할 수 없다. 만약 중국 국적을 가진 문화 공작 요원 및 기술 요원이 필요하다면 반드시 본회에 요청해야 하며, 본회에서 이를 파견한다.

7. 한국광복군의 지휘 명령 및 자금과 군수품의 수령 등에 관한 사항은 본회의 판공청 군사처에서 책임지도록 한다.

8. 중일전쟁이 끝나기 전에 한국독립당 임시정부가 한국 국경 내에 진입했을 때는 한국광복군과 임시정부의 관계를 별도로 규정한다. 그러나 광복군은 중국의 대일 작전에 배합하기 위해 계속 본회의 군령을 받는다.

9. 임시정부가 한국 국경 내로 진입하지 못한 상태에서 중일전쟁이 끝나게 되었을 때, 한국광복군의 운용은 본회의 일관된 군사 정책에 의해 상황에 따라 본회가 책임지고 처리한다.[10]

이 행동 준승은 임정 지도부의 노력에도 불구하고 1944년 9월에 가서야 장제스 정부에 의해 취소·통보된다. 그때 비로소 근 4년에 걸친 광복군의 대중국 예속에서 상당 부분 벗어날 수 있게 되는 것이다. 국민당 정부의 행동 준승 폐지는 기본적으로 미국의 요청이 있었기 때문으로 보인다.

광복군 제2지대 요원들.
뒷줄 왼쪽부터 최철, 나광, 장덕기, 김준엽, 노능서, 장준하다.

1942년 8~9월 미 육군부와 합참은 한인들의 대일전 참전에 관련된 최종 결정을 내린다. 그 내용은 1) 한국 독립운동 단체들 가운데 어느 단체에 대해서도 대표권을 승인하지 않는다. 2) 현시점에서 한인을 이용한 직접행동이 바람직하지 않다. 3) 그러나 한인들의 반일적 감정과 요소는 이용해야 한다.[11] 하지만 1944년 후반 이전, 전황이 자국에 유리해지고 한반도 침공 가능성이 현실화되면서 대일전 수행에 한인들을 선전, 첩보, 파괴 등 특수 임무에 동원하는 방안이 검토되었다. 즉 한인을 이용한 직접행동이 필요한 시점이 온 것이다. 하지만 이때에도 이 사안은 임정 승인과는 별개의 문제

임을 전제로 하는 것이었다.[12]

독일 사회학자 막스 베버의 생각처럼 국가와 비국가를 구분하는 것은 '정당한 물리력의 독점' 여부에 달려 있다. 오직 국가만이 주어진 단위 영역 내에서 군사력을 정점으로 하는 물리력을 독점할 수 있는 것이다. 따라서 자국 영토 내에 해외 망명정부의 군대를 허가하는 것은 분명 쉬운 일이 아니다. 특히나 중국 공산당과 내전 중인 국민당으로서는 말이다. 어쨌든 행동 준승을 통해 광복군을 국민당 군대하에 예속·결박시킴으로써 조선 민중의 독립보다 자신들의 안보 이익이 훨씬 우월함을 여실히 증명했다. 다른 한편으로 이는 임정의 물리적 기반이 여전히 허약했음을 보여준다. 미국은 전황이 유리해지자 광복군의 자원을 선별적으로 이용하고자 했고, 그래서 광복군에 대한 중국의 족쇄를 풀어주었다. 하지만 일본의 조기 항복으로 인해 이것조차 실행에 옮기지 못한 데에 임정의 또 다른 비극성이 내장되어 있다고 하겠다.

임정은 승인받지 못한 정부였다. 그 원인이 어떠하든 그로 인한 국제적 이익 대변의 부재와 그 후과는 결코 가벼이 볼 수 없는 것이었다. "승인받지 못한 망명정부라 하더라도 정부적 성격을 갖고 있기에 자신의 국가를 대외적으로 대표할 기관이 된다. 물론 승인 부재에 내재하는 실효성의 흠결은 승인을 받지 못한 시기 동안 망명정부가 자신의 권능을 행사하지 못하며 또한 자신들의 행위가 무엇보다 효력을 발휘하지 못한다는 점에 영향을 미친다."[13] 그러면 이 문제를 자세히 살펴보자.

첫째, 승인받지 못한 망명정부의 조약상의 권리 및 의무 주장은 효력을 갖지 못한다. 1919년 6월 27일 임정 대통령 이승만은 1882년 조미수호통상조약 제1조에 의거해 미합중국의 '거중 조정'을 요청하는 공문을 미 국무부에 보내지만 간단히 무시된다. 제1조는 이렇다. "미합중국 대통령과 조선 국왕 및 각기 정부의 공민과 신민 간에 영구한 평화와 우호가 있을 것을 기약하고 만일 별국別國이 일방 정부一方政府에 대하여 부당하게 또는 억압적으로 행동할 때에는 타방 정부他方政府는 그 사건의 통지通知를 받는 대로 원만한 타결을 가져오도록 주선을 다함으로써 그 우의를 표해야 한다." 공식적으로는 을사늑약, 비공식적 아니 실질적으로는 가쓰라-태프트 밀약을 통해 미·일 간 영향권 분할이 이미 마무리된 상태에서, 조약의 체결과 파기 등 기본적인 외교상의 권리를 임정이 수행하기에는 국제법적으로 근거가 없는 일이었다. 마찬가지로 1919년 4월 23일 상하이 임정은 1910년 8월 29일자 한일병합조약의 무효를 선언했다. 주지하듯이 그 제1조는 이렇다. "제1조 한국 황제 폐하는 한국 전부에 관한 일체 통치권을 완전히 또 영구히 일본국 황제 폐하에게 양여함." 하지만 이에 대한 일본의 공식 입장은 이런 것이었다. 한일병합조약은 임정의 선언이 아니라, 1948년 8월 15일 대한민국 정부 수립과 이에 대한 1951년 9월 9일자 일본의 승인 혹은 1952년 4월 24일 대일평화조약의 발효에 의해 효력을 상실한 것이다.

이처럼 임정의 외교 행위는 비단 미국뿐만 아니라 일본에 의해

大韓民國臨時政府對日宣戰聲明書

吾人代表三千萬韓人及政府、謹祝中英美荷加澳
及其他諸國之對日宣戰、以其為擊敗日本、再造
東亞之最有效手段、玆特聲明如下、一韓國全體
人民現已參加反侵畧陣線、為一個戰鬥單位、而對
軸心國宣戰、二重視宣佈無效九一○年合併條約
及一切不平等條約、並尊重反侵畧國家之在韓合
理的旣得權益、三、為完全驅逐倭寇於韓國中國及
西太平洋、血戰至最後勝利、四、誓不承認日本
卵翼下所造成之長春及南京政權、五、堅決主張羅斯
福邱吉爾宣言之各項、堅決反對

宣言各條、為實現韓國獨立而適用、因此特預祝民
主陣線之最後勝利。

大韓民國臨時政府主　席金　九印

外務部長兼祭印

大韓民國二十三年十二月十日

1941년 12월의 '대한민국 임시정부 대일선전포고' 문서. 김구 주석과 조소앙 외무부장의 명의로 되어 있다.

서도 철저히 무시되고 있었다.

둘째, 1941년 12월 10일 임정은 태평양 전쟁의 발발과 함께 대일 선전포고를 실행한다. '대한민국 임시정부 대일선전성명서大韓民國臨時政府對日宣戰聲明書'의 내용은 이렇다.

우리는 3000만 한인과 정부를 대표하여 삼가 중국·영국·미국·캐나다·네덜란드·오스트리아 및 기타 여러 나라가 일본에 대해 전쟁을 선포한 것이 일본을 격패시키고 동아시아를 재건하는 가장 유효

　　　　　　　　　　　　　　임정, 거절당한 정부

한 수단이 되므로 이를 축하하면서 특히 다음과 같이 성명한다.

1. 한국의 전체 인민은 현재 이미 반침략 전선에 참가해오고 있으며, 이제 하나의 전투 단위[14]로서 축심국_轴心國_에 대하여 전쟁을 선언한다.

2. 1910년의 합방조약과 일체의 불평등 조약이 무효이며, 아울러 반침략 국가가 한국에서 합리적으로 얻은 기득권익이 존중될 것임을 거듭 선포한다.

3. 한국과 중국 및 서태평양에서 왜구를 완전히 구축하기 위하여 최후의 승리를 거둘 때까지 혈전한다.

4. 일본 세력 아래 조성된 창춘과 난징 정권을 절대로 승인하지 않는다.

5. 루스벨트, 처칠 선언의 각 항이 한국 독립을 실현하는 데 적용되기를 견결히 주장하며 특히 민주 진영의 최후 승리를 미리 축원한다.

대한민국 23년 12월 10일
대한민국 임시정부 주석 김구
외무부장 조소앙

이 선전포고를 통해 당시 임정은 스스로가 연합국의 일원임을 분명히 하면서 그 연합국의 '하나의 전투 단위'로서 반침략 전선에 참가하고 있음을 밝히고 있다. 대일 선전포고는 일본을 주적으로 하면서 동시에 축심국, 곧 독일, 이탈리아 등의 대추축국에 대한 선전포고임을 제1항에서 천명하고 있다. 그리고 1910년 한일합방조약의 무효를 재차 언급하면서 창춘 및 난징 정권 곧 일본 괴뢰국인 만주국과 난징 왕자오밍 정권에 대한 불승인 입장을 확인했다. 마지막으로 '루스벨트·처칠 선언', 곧 1941년 8월 양인이 발표한 대서양 헌장의 대한반도 적용을 요청한다. 특히 제2항 "관계 주민의 자유의사에 의하지 아니하는 영토 변경을 인정하지 않는다"와 제3항 "주민이 정체를 선택하는 권리를 존중하며, 강탈된 주권과 자치가 회복될 것을 희망한다"는 조항은 상기할 만하다.[15]

하지만 1951년 9월 샌프란시스코에서 열린 대일 강화회의에 한국은 초청받지 못했다. 이는 한국이 연합국의 일원으로도, 승전국의 일원으로도 심지어 교전 단체로도 인정받지 못했으며, 따라서 이는 전후 배상과 영토 협상에서 한국이 원천 배제됨을 의미했다. 대일 선전포고를 한 직후인 1941년 12월 17일 이승만은 대일 선전포고 사실을 미 국무부에 공식 통보하고 무기 대여 프로그램에 참가하기를 희망했지만 미국 측은 이를 무시한다. 1947년 해방 이후 한국의 대일 강화회의 참여에 대해 국내에서도 주한미군사령관 하지의 정치고문 제이컵스J. E. Jacobs의 반대론과 당시 주한 미국 대사 무초J. J. Muccio의 찬성론이 엇갈렸다.[16]

그런데 1951년 4월 23일 당시 미 국무부 고문인 덜레스가 일본을 방문했을 때, 일본 총리 요시다 시게루가 그에게 「한국과 강화조약」이라는 문건을 제시한 이후 상황은 돌이키기 힘들게 변한다.

임정, 거절당한 정부

미국은 강화 조약의 서명국으로서 참가시키기 위하여 한국을 초대한다는 의향을 시사해왔습니다. 일본 정부는 다음과 같은 이유로 미국 정부가 이 문제를 재고할 것을 희망합니다. (…) 이 나라는[한국은] 일본과 전쟁 혹은 교전 상태에 있지 않기 때문에 연합국으로 간주할 수 없습니다.

한국이 만약 강화 조약의 서명국이 되면 일본에 있는 한국민은 재산과 배상 등에 있어 연합국민으로서의 자신들의 권리를 획득하고 주장하게 됩니다. 아직까지 100만 명(전쟁 종료 시 거의 150만 명) 가깝게 거주하고 있는데, 이들 한국인이 터무니없는 배상을 청구하여 일본 정부는 거동도 할 수 없을 것입니다.[17]

이처럼 미국이 한국을 강화회의에 초청할 의사가 없었던 것은 아니었다. 한국의 교전국으로서의 지위도, 연합국으로서의 지위도 일체 부정하는 것은 그 누구보다 일본이었다. 특히 그 근거로 제시한 것이 일본 정부에 대한 재일 한국인들의 "터무니없는 배상 청구" 가능성이었다.

결과적으로 일본의 주장이 관철되었다. 미 국무부의 최종 방침은 이렇다. "과거 임시정부가 일본과 교전했다고 한국 정부가 주장하기는 하나, 미국 및 주요 국가는 임시정부의 승인을 회피했으며, 임시정부가 일본에 선전포고하고 일부 한국인이 일본과 항쟁했다는 것은 아무런 의미를 갖지 않는다."[18]

임정의 기나긴 항쟁사는 이렇듯 강대국의 권력정치power politics 라는 '악마의 맷돌'에 갈아 뭉개져 이제 그 흔적을 찾아보기 힘든 지경이 되었다. 샌프란시스코 강화회의에서 한국이 거부당한 것은 우선 일본의 요구가 작용한 듯하다. 하지만 큰 그림에서 보자면 그 것은 1949년 중국의 공산화, 그리고 그 뒤를 이은 한국전쟁, 그리 고 무엇보다 대소 봉쇄 전략의 출현이 주된 배경이었다고 할 수 있 다. 1947년 봉쇄 전략과 더불어 미국의 대일 점령 정책의 축은 "과 거의 적을 민주화하는 데에서 미래 냉전의 동맹국으로 재건"하는 것으로 이동한다. 즉 점령 정책의 '역전reverse course'이 일어난다. "일본을 아시아의 공장workshop으로 개조하는 데에는 힘을 합쳤지 만, 언제 대일 평화협정에 서명하고 또 어떤 조건이 들어가야 하는 지에 대해서 백악관은 분열되어 있었다. 1950년 북한의 남침은 미 일 방위조약과 평화조약을 협상함에 있어 국방부와 국무부를 한편 으로 만들었고 이를 통해 미일 간의 결속을 공고히 하고자 했다. 이 후 일본은 미국의 핵심적인 군사 동맹이자 극동의 경제 동맹이 된 다."[19]

임정과는 대조적으로 승인된 망명정부로서 대일 선전포고를 했 던 벨기에, 그리스, 룩셈부르크, 네덜란드, 노르웨이 그리고 필리핀 은 1951년 9월 8일 연합국의 일원으로서 샌프란시스코 조약에 서 명했다. 마찬가지로 1941년 12월 각각 일본에 전쟁 선포를 했던 폴란드와 체코슬로바키아는 대일 강화회의에 초대받았지만 서명 을 하는 대신, 일본과 종전을 선언하는 양자 조약을 체결했다.[20]

임정, 거절당한 정부

셋째, 미국의 전후 처리 구상에서 빠뜨릴 수 없는 것이 국제연합UN의 창설이다. 1945년 4월 25일부터 6월 26일까지 연합국 측 50개국이 샌프란시스코에 모여 국제연합 국제기구회의United Nations Conference on International Organization, 즉 국제연합 창설을 위한 준비 회의를 개최한다.[21] 이때도 임정은 역시 초청받지 못한다. 당시 이를 보도한 기사를 보자.

충칭 한국 망명정부는 이튿날 샌프란시스코 국제연합회의에 대표단 파견이 허용되는 것인지 여부를 미 정부 측에 문의했다. 현재 드러난 바로 한국 임정의 청원은 무시되거나 거절당한 것으로 보인다. 왜냐하면 한국인을 대표할 자격을 갖춘 한국 정부는 현재 존재하지 않는다는 이유에서다.

한국 정부는 그 이전 자신의 나라에서 기능한 적이 없는 유일한 망명정부라는 점에서 독자적이다. 그 정부는 지난 세계대전 말기에 한국 애국자들에 의해 한국 밖에서 수립되었다. 그 정부의 워싱턴 대표인 이승만이 초대 대통령이었다.

주로 그 목적으로 보자면 한국은 국제연합 회원으로 받아들여진 적이 없다.

단일한 대표에 합의할 수 없었던 다수의 반대파 한국인 그룹들로 인해 상황은 더욱 복잡해졌다.

아마 이승만은 한국이 국제연합 회원이 아니라는 이유로 샌프란시스코 회의 참석이 가능하지 않으리라는 통보를 받게 될 것으로 보

유엔 창설 샌프란시스코 회의 장면. 1945년 6월 26일 그로미코 소련 외무부 장관이 사회를 보는 가운데 본회의가 열리고 있다.

인다. 만일 한국인들이 자신들의 대표에 대한 것을 합의했더라면 한인 그룹에 대한 미 국무성의 태도는 달랐을 수도 있다. 그러나 한국인 그룹들은 불쾌감을 느끼기 시작했다. 그들은 카이로 선언에 대한 믿음을 갖고 있었지만, 누군가가 움직일 시간을 갖기 전에 러시아가 한국 전체를 통제할지도 모른다는 사실에 불안해하고 있다. 그들은 또한 한국은 '적절한 시기에in due course' 독립이 주어질 것이라는 카이로 회담의 유보 조건 때문에 힘들어하고 있다. 혹자는 이 말이 연합국이 수년에 걸쳐 한국을 통제하는 것을 의미한다고

임정, 거절당한 정부

믿고 있다.[22]

이 기사에서 언급한 대로 1945년 6월 5일 미 국무부 장관 대리 조지프 그루Joseph Grew는 이승만에게 다음과 같이 썼다.

샌프란시스코 회의에서 대표되고 있는 국제연합 회원국 모두는 법 적인 정부 당국으로 구성되어 있는데, 한국 임정과 다른 한국인 단 체들은 미합중국에 의해 정부 당국으로서의 승인을 획득할 그런 자 격 요건을 갖추고 있지 않습니다. 한국 임정은 한국의 그 어느 일부 에 대해서도 행정적 권위를 가져본 적이 없으며, 오늘날 한국 인민 들의 대표로 간주된 적도 없습니다.[23]

결국 제2차 세계대전 종전 직전까지도 미국은 주로 그 대표성 문제를 들어 임정 승인을 거부했다. 하지만 미국 측의 이런 입장이 역사적으로 언제나 정당화되는 것은 아니다. 단적인 예로 1918년 9월 3일 미국은 체코슬로바키아 국민 위원회Czechoslovak National Council를 "체코슬로바키아의 군사적·정치적 업무를 지휘하기에 적 절한 권위를 갖춘 사실상의 교전국 정부de facto belligerent government" 로 승인한 사실을 들 수 있다. 그리고 "공동의 적, 독일과 오스트리 아-헝가리 제국과의 전쟁을 수행할 목적으로 승인된 사실상의 정 부와 공식적인 관계를 체결할 태세가 되어 있음"을 선언했다.[24] 마 찬가지로 프랑스 역시 이 국민 위원회를 "파리에 주재하는 사실상의 정부"로 승인했다. 그리고 이 국민 위원회는 1918년 9월 체코슬로바키아 임시정부로 전환된다. 체코슬로바키아 국민 위원회는 체코슬로바키아 내의 어떤 정부가 해외로 망명해 세운 조직이 아니었다. 토마시 마사리크라는 당시 오스트리아-헝가리 제국의회 의원이 제1차 세계대전이 발발하자 기존의 오스트리아-헝가리 제국의 체코 지배에 항의, 혈혈단신 망명해 1916년 파리를 중심으로 조직한 일종의 '독립운동'이었을 뿐이다. 체코슬로바키아 영역 내의 그 어떤 실효적인 지배나 권위를 행사한 경험이 전무한 단체였다. 당연히 마사리크에게도 대표성의 문제는 제기될 수밖에 없었다. 이때 마사리크가 말한다. "우리에게 대표성은 필요치 않았다. 그것은 나중에 저절로 우리에게 왔다."[25]

프랑스의 드골도 언급될 만하다. 1944년 7월 11일 루스벨트는 "프랑스의 국가해방위원회를 선거가 예정된 프랑스의 해방 구역의 사실상의 정부 당국으로 승인하기로 결정"했음을 선언했다. 하지만 1944년 6월 2일 프랑스 공화국 임시정부로 개칭한 프랑스 국가해방위원회는 여전히 알제리에 머물고 있었고, 따라서 프랑스 본토에 대해 실효적 지배를 행사하고 있지 않던 때였다. 프랑스 국가해방위원회 역시 미·영과의 협상에서 대표성 문제에 시달리고 있었다. 그러나 "드골은 프랑스 정부가 형식상의 승인에 대해 관심이 없으며, 중요한 것은 프랑스 민족의 승인을 얻는 것이고, 이는 현재 아무런 문제도 없다고 말했다."[26]

따라서 승인 문제에 관한 한 미국이 일관된 국제법적 원칙에 따라서 접근하고 판단했다고 보기는 어렵다.[27] 결론적으로 미국의 임정 불승인이라는 국제법적 '형태'는 신탁통치라는 정치적 '내용'과 불가분리적인 것이었다. 임정 불승인과 신탁통치는 일종의 표리관계를 이룬다. 이 모든 것의 본질에는 전후 세계의 질서에서 미국의 헤게모니와 이를 위한 힘의 논리가 작용하고 있었다. 위에서 본 것처럼 외교적 역량을 총집중했음에도 불구하고 불승인으로 인해 임정의 국제적 이해 대변 기능은 커다란 차질을 빚을 수밖에 없었다. 그로 인한 후과는 아직까지도 한국 사회와 민중의 짐으로 남아 있는 셈이다. 하지만 어찌 보면 제2차 세계대전의 전승국이자 초강대국 미국의 전후 구상에 임정만의 실력으로 맞서기엔 그 힘의 격차가 너무나 엄연한 현실이었다.

눈물겨운 임정의 국제 인정 투쟁은 결국 좌절되고 말았다. 상하이 임정 수립으로부터 26년, 1910년 병합으로부터 35년, 외교권을 상실하고 사실상 식민지화된 을사조약으로부터 따지면 40년이다. 이쯤 되면 '해방될 줄 몰랐다'는 변명이 아주 틀린 말은 아닐지도 모른다. 임정의 독립 투쟁 노선, 특히 그 승인에 목매는 외교 노선에 대해서는 비판이 있을 수 있다. 그 청원請願주의적인 방식 말이다. 결국 열쇠는 미국이 쥐고 있었다. 미국은 독립을 승인했지만 그 독립도 즉각적인 것이 아니라 일정한 국제 공동 관리하의 군정을 거친 후에 어쨌든 독립을 시켜주겠다는 것이었다. 심지어 미·영은 프랑스에 대해서조차 군정을 구상하고 있었다. 그럼에도 임정은 끊임없이 승인을 간청했다. 그러나 미국은 아무리 계산해도 임정을 승인해줌으로써 얻을 실익이 눈앞에 보이지 않았다. 특히 임정 승인을 통한 '군사적' 실익, 대륙의 반일 전선에서 균형추를 움직일 만한 실력이 임정에겐 없었다. 그것이 핵심이었다.

　임정 승인 문제는 국제'법'적이라기보다, 국제'정치'적인 것이었다. 그나마 그 시대의 국제법은 철저히 국가중심적인 것이었다. 주중 대사 고스가 임정을 정부가 아니라 '운동'이라고 말한 것은 틀린 지적이 아니다. 오죽하면 미·영의 빤한 속셈을 모를 리 없는 드골이 자유프랑스가 '프랑스 국가해방위원회'를 결성한 뒤 무슨 수를 통해서건 본인이 해방자로서 파리에 첫발을 내딛어 '입성'하고자 몸부림쳤겠는가. 실력, 곧 힘이 기반이 되어 더 이상 다른 방법이 없자 미·영도 드골의 프랑스 임시정부를 정식으로 승인했던 것이다. 이런 상황에서 '동아의 영수'를 자처하던 중국은 일찌감치 미국에 주도권을 내주고 눈치만 살피는 형세였다. 미·영보다 먼저 임정을 승인하겠다는 구상이 없었던 것은 아니다. 그러나 연합국의 지원 없이 중일전쟁을 끌어가기도 벅찬 현실에서 미·영보다 먼저 임정을 승인하는 것은 무모한 일이었다. 특히 소련의 남진이 무엇보다 두려운 현실이었다. 중일전쟁도 벅차고 심지어 세력을 확장해가고 있는 중국 공산군과의 국공 내전까지 염두에 둔다면 운신할 공간이 별로 없었다. 임정에 '공동 작전 단체', 즉 국제법상으로 '교전국'의 지위를 부여할 구상이 제기되었고, 임정을 조선 '민족해방위원회'로 개조할 구상도 없었던 것은 아니지만 이미 국민당 정부가 이를 관철할 힘은 없는 상황이었다. 이 모든 것이 좌절된 결과 임정은 그 누구로부터도 전후 처리 과정에 초대받지 못했다. 철저하게 처리 대상이 되었던 것이다.

그런데 여기서 '독립운동' 혹은 '민족 해방운동'을 현대의 국제 법으로 보면 어떻게 되는가.

제2차 세계대전 이후 현대 국제법에서 '인민자결권self-determination of peoples'은 국제법의 본질적 원칙이며, '예외 없이 적용 되는erga omnes' 강행 규범jus cogens의 성격을 갖고 있다. 그것이 직 접적이건 간접적이건 (식민지) 인민들로부터 이러한 권리를 박탈 하는 모든 강제적 행위는 국제법적 불법 행위가 된다. "UN의 목적 은 (…) 평등권과 인민자결권의 원칙에 대한 존중에 기초하여 국 가 간의 우호적 관계를 발전시키고 보편적 평화를 강화할 다른 적 절한 조치를 취하기 위함이다."(유엔 헌장 제1조 2항) 자결의 주체 로 처음엔 인민들peoples과 민족들nations이 호명되었으나 'nations' 개념이 혼란을 야기할 수 있고 'peoples' 개념이 더 포괄적이라는 점에서 후자가 채택되었다. 그래서 피억압 인민이나 민족뿐만 아 니라 독립국의 인민들도 여기에 포함된다고 할 수 있다. 이 인민자 결권은 조약상의 권리일 뿐만 아니라 국제관습법상의 일반 원칙에 의해 인정되고 있는 '법적 권리'다. "모든 인민은 자결의 권리를 갖 는다. 이 권리를 통해 인민들은 자신들의 정치적 지위를 결정하고 자유롭게 자신들의 경제적, 사회적 그리고 문화적 발전을 추구한 다."[1]

자결권 원칙으로 인해 일반적으로 이것이 존재하지 않던 그 이 전에 비해 망명정부에 더 높은 지위를 부여하는 것이 가능해진다. 자결권 원칙과 망명정부의 지위의 관계에 대한 문제는 특히나 '민족 해방 단체national liberation organisations'에 의한 독립 주권국가 선언의 경우에 등장한다.[2] 자결권 원칙에 의거하여 모든 인민은 외부의 간섭 없이 자신들의 정치적 지위를 자유롭게 결정할 권리를 갖는다. 그래서 민족 해방 단체에 의한 독립 주권국가 선언은 당연히 인민자결권의 유효한 행사로 간주된다.

국제사법재판소ICJ는 「서사하라 자문의견Western Sahara, Adivisory Opinion」에서 "민족자결권의 적용은 해당 인민 의지의 자유롭고 진정한genuine 표현을 요건으로 한다"면서 그 방법으로 정해진 건 없지만 대개 국민 투표가 권고된다. 그런데 만일 해당 식민 당국이 이를 방해한다면, 그때는 유엔이나 지역 공동체 등 국제기구에 의해 해당 '인민의 정당한 유일 대표'로 승인된 민족 해방 단체나 망명 '당국'에 의해서도 자결권이 행사될 수 있다. 그러한 선언을 유효한 자결권의 행사로 간주하는 국가들은 그 망명 당국을 새로운 국가의 망명정부로 승인할 수 있다.

현대 국제법의 확립된 법리이자 강행 규범으로서 인민 자결권 원칙을 임정에 소급 적용하는 것은 다툼의 여지가 있을지 모른다. 그러나 일종의 사유 실험thought experiment은 전적으로 우리의 선택이다. 임정 혹은 임정을 포함한 민족 해방 단체를 유엔 혹은 그에 상응하는 국제기구가 '인민의 정당한 유일 대표'로 승인하는 것은 어려운 일이 아닐 터이다. 그리고 당시 조선 인민들의 '자유롭고 진정한 의지'를 확인하기 위한 국민 투표를 일제가 폭력적으로 저지할 것이 명백하다면 이 해방 단체는 해외에서 조선의 주권적 독립

국가를 선언할 수 있고, 이때 이 선언은 인민자결권의 정당한 행사로 간주된다. 그리고 여기에 동의하는 국가들이 이 민족 해방 단체를 조선 인민의 정당한 망명정부로 법적·사실적으로 승인하는 것은 문제가 되지 않는다.

나아가 1960년 유엔 15차 총회는 알제리 인민들의 반프랑스 민족 해방 투쟁을 인민자결권의 행사로 간주해 그 정당성을 승인한 바 있다.[3] 또한 1970년 유엔 총회가 채택한 '식민지 독립 부여 선언의 완전한 이행을 위한 행동 계획'에 따르면 "자유와 독립의 열망을 억압하는 식민국에 대항하기 위해 사용 가능한 필요한 모든 수단by all necessary means at their disposal을 통해 투쟁할 식민지 인민들의 고유한 권리"를 승인하고 있다.[4] 그리고 "그 모든 형태와 표현에 있어 식민주의의 계속적 연장은 유엔 헌장, 식민지 독립부여 선언 그리고 국제법 원칙의 위반을 구성하는 범죄crime임을 선언"한다. 따라서 '범죄'에 대항하는 민족 해방을 위한 무장 투쟁도 정당한 것이다. 그리고 위 '행동 계획'은 유엔 회원국이 독립과 자유의 달성을 위해 투쟁하는 식민지 인민에게 "필요한 모든 도덕적moral, 물질적 지원을 반드시 해야 한다shall"고 규정하고 있다. 더군다나 1974년 유엔 총회가 채택한 「침략의 정의definition에 관한 결의」의 '침략'에는 민족 해방 투쟁과 이를 원조하는 행위가 제외되어[5] 있으므로 민족 해방 투쟁이 외국으로부터 원조를 얻을 권리까지도 인정되는 것으로 볼 수 있다. 예외 없는 강행 규범으로서의 인민자결권이라는 현대 국제법의 법리만으로도 임정은 '조숙早熟한' 민족

해방 단체였다.

임정에 대한 미·영·중·소 등의 국제법적 불승인은, 다시 말하지만 정치적 측면이 주요인이다. 물론 그 내적 요인만을 보자면 가장 기본적인 원인은 임정의 실력, 특히 군사적 실력에서 찾는 게 맞을 것이다. 그러나 그보다 본질적인 것은 미국의 전후 구상, 곧 신탁통치안이었다. 물론 여기에 당대의 철저한 국가중심적 국제관계와 더불어 보수적이고 경직된 국제법 해석이라는 외피도 어느 정도 작용했다. 현대 국제법의 시각에서 보면 미국의 신탁통치안은 '인민자결권'이라는 국제법적 '강행 규범'을 현저히 위반한 것이었다.[6]

하지만 불승인이 임정을 폄하할 근거가 되지는 않는다. 이를 근거로 '1948년 건국설'을 주장하는 것은 더더구나 과도한 것이다.[7] 왜냐하면 '건국'의 본질은 '법적인 것'이 아니라 '정치적인 것'으로, 그것은 인민의 집단적 자유의지의 표출에 달린 것이기에 해외의 승인은 단지 하나의, 물론 중요한 필요조건 이상은 되지 않는다. 임정은 합법성Legalität이 아니라 정당성Legitimität이라는 코드로 읽혀야 한다. 3.1혁명의 정당한 계승자로서 임정은 그래서 무능한 왕정을 대체할 새로운 공화정을 통한 인민의 집단 의지 실현에 커다란 장애가 되는 제국주의의 극복, 곧 민족 해방을 선도적으로 영도했다는 것에 가장 큰 의의가 있다.

1장 서장

1 '3.1혁명'이라는 관점에 대해서는 한인섭, 「대한민국은 민주공화제로 함: 대한민국 임시헌장(1919.4.11) 제정의 역사적 의의」, 『서울대학교 法學』 제 50권 제3호, 2009, pp. 167-201.

2 박은식, 『한국 독립운동지혈사』, 소명출판, 2008, p. 198.

3 원문은 다음을 참조하라. http://www.law.go.kr/%EB%B2%95%EB%A0%B9 /%EB%8C%80%ED%95%9C%EB%AF%BC%EA%B5%AD%EC%9E%84%E C%8B%9C%ED%97%8C%EC%9E%A5/(00001,19190411)

4 정용욱, 「정용욱의 편지로 읽는 현대사」, 『한겨레신문』, 2019년 1월 20일자. http://www.hani.co.kr/arti/culture/religion/879044.html#csidx43241c9694424 4db1a619cd31d1134c

5 정용욱, 앞의 글.

6 『동아일보』, 1945년 12월 20일자.

7 https://en.wikipedia.org/wiki/Provisional_government

8 Y. Shain and Juan J. Linz, Between States: Interim Governments in Democratic

Transitions, Cambridge University Press, 1995, p. 5.

9   https://en.wikipedia.org/wiki/Annexation

10 https://en.wikipedia.org/wiki/Annexation

11 『조선왕조실록』의 마지막 문단은 다음과 같다. "황제는 다음과 같이 말한다. 짐朕이 부덕否德으로 간대艱大한 업을 이어받아 임어臨御한 이후 오늘에 이르도록 정령을 유신維新하는 것에 관하여 누차 도모하고 갖추어 시험하여 힘씀이 이르지 않은 것이 아니로되, 원래 허약한 것이 쌓여서 고질이 되고 피폐가 극도에 이르러 시일 간에 만회할 시책을 행할 가망이 없으니 한밤중에 우려함에 선후책善後策이 망연하다. 이를 맡아서 지리支離함이 더욱 심해지면 끝내는 저절로 수습할 수 없는 데 이를 것이니 차라리 대임大任을 남에게 맡겨서 완전하게 할 방법과 혁신할 공효功效를 얻게 함만 못하다. 그러므로 짐이 이에 결연히 내성內省하고 확연히 스스로 결단을 내려 이에 한국의 통치권을 종전부터 친근하게 믿고 의지하던 이웃 나라 대일본 황제 폐하에게 양여하여 밖으로 동양의 평화를 공고히 하고 안으로 팔역八域의 민생을 보전하게 하니 그대들 대소 신민들은 국세國勢와 시의時宜를 깊이 살펴서 번거롭게 소란을 일으키지 말고 각각 그 직업에 안주하여 일본 제국의 문명한 새 정치에 복종하여 행복을 함께 받으라." 『순종실록』 4권(순종 3년 8월 29일, 1910년, 대한 융희隆熙 4년). http://sillok.history.go.kr/id/kzb_10308029_002

12 https://en.wikipedia.org/wiki/Government_in_exile#Governments_in_London

13 고정휴, 「충칭시기 대한민국 임시정부의 승인외교 실패원인에 대한 검토」, 『한국 독립운동사연구』, 33, 2009, pp. 5-32; 정용대, 『대한민국 임시정부의 외교활동』, 국가보훈처, 1993; 김용신, 「장제스 국민정부의 미국 편승전략과 한국의 독립문제 1942-1945」, 『사회과학논집』, 제49집 1호, 2018년 봄호. 임정 연구의 현황과 과제 중 '외교'에 대한 연구 현황은 다음을 참조하라. http://db.history.go.kr/item/level.do?setId=1&itemId=hdsr&synonym=off&chinessChar=on&page=1&pre_page=1&brokerPagingInfo=&position=0&l

임정, 거절당한 정부

evelId=hdsr_012_0050_0010 이 해제에서는 에스토니아, 중국의 호법 정부,
소련, 프랑스 망명정부가, 그리고 정용대(1993)는 중국의 쑨원정부, 폴란
드 망명정부, 불란서 망명정부가 임정을 승인했다고 언급한다. 하지만 폴
란드와 에스토니아가 임정을 승인했다는 문서상의 물증을 확인할 수가 없
다. 소련이나 프랑스의 경우는 이 책에서 상론하게 될 것이다. 호법 정부
의 승인에 대해서는 논란이 있을 수 있다. 여운홍의 회고에 의하면 쑨원이
이렇게 말했다고 한다. "프랑스 租界 안에서 수립되고 그곳에 있는 정부를
승인하기는 어려운 일이다. 조선 영토 내면 어디라도 좋다. 당신들이 신의
주에서건 청진에서건 단 며칠이라도 행정권을 행사하기만 한다면 곧 승인
을 할 것이다." 여운홍, 『몽양 여운형』, 청하각, 1967, pp. 72-73.

2장 제2차 세계대전 중 런던 망명정부와 '자유프랑스' 승인 문제

1 Eliezer Yapou, Governments in Exile, 1939-1945, August 1998. http://
   governmentsinexile.com/yapoucontents.html

2 Yapou(1998).

3 Yapou(1998).

4 Stefan Talmon, 'Who is a legitimate government in exile? Towards normative
   criteria for governmental legitimacy in international law', in Guy Goodwin-Gill
   and Stefan Talmon (eds.), The Reality of International Law: Essays in Honour of Ian
   Brownlie, Oxford Uni. Press, 1999, pp. 499-537.

5 G. E. Maguire, Anglo-American Policy towards the Free French, Macmillan: London,
   1995, pp. 161-162.

6 Maguire(1995), p. 167.

7 Yapou(1998).

8 "Churchill and Roosevelt Wanted de Gaulle Out, Britain Discloses", New York

Times, 2000년 1월 6일자. 루스벨트와 처칠 두 사람 다 드골을 극히 싫어했고 언젠가는 제거하길 원했다. 루스벨트는 처칠에게 "(드골에게) 마다가스카르 총독자리나 줘버려라"라고 말하고 있다. https://www.nytimes.com/2000/01/06/world/churchill-and-roosevelt-wanted-de-gaulle-out-britain-discloses.html

3장 미국의 전후 구상과 임정

1 미국 외교협회는 1918년 이후 루스벨트의 국무부 장관을 역임하게 되는 엘리후 루트Elihu Root가 윌슨식 국제주의를 옹호하기 위한 목적으로 설립한 비영리단체다. 이 협회의 기관지가 저명한 *Foreign Affairs*다. 처음부터 주로 미국 동부의 기득권층Establishment, 즉 금융·은행·제조·무역 업계를 비롯한 다수의 법률가가 대거 참여했다. 포드 재단과 록펠러 재단이 거금을 기부했고, 전후에는 미국 외교 관료의 40퍼센트 이상이 협회 회원이었고, 케네디 행정부 때는 51퍼센트, 존슨 행정부 때는 57퍼센트가 회원이었다. 제2차 세계대전 발발 직후 록펠러 재단의 재정 지원 하에 극비리에 결성된 '전쟁과 평화 연구War and Peace Studies' 기획팀을 발족했는데 정치, 경제, 안보, 영토 분과를 두었다. 미 국무성의 전후 구상에 지대한 영향을 미쳤다. https://en.wikipedia.org/wiki/Council_on_Foreign_Relations

2 정용욱, 『해방 전후 미국의 대한 정책』, 서울대학교출판부, 2003, p. 20.

3 고위 위원회 구성원 중에서 패스볼스키는 국무부 장관 헐의 최측근이었고, 유엔 헌장을 기초한 인물이다. 그리고 국무부 차관 섬너 웰스는 특히 루스벨트의 총애를 받았는데, 루스벨트의 라틴아메리카 정책 '글로벌 굿 네이버Global Good Neighbor' 정책을 입안했다. 1943년 하반기 동성애 스캔들로 사임하기 전까지 미국의 대외정책에 있어 헐 장관과 경쟁 구도를 형성할 정도로 장관 못지않은 영향력을 발휘했다. (https://en.wikipedia.org/wiki/

임정, 거절당한 정부

Sumner_Welles) 글로벌한 단일 구조를 선호한 헐-패스볼스키 커넥션과는 달리 웰스-처칠 쪽은 전후 질서, 특히 유엔의 구조를 디자인함에 있어 다분히 지역주의적인 독자성을 강조하면서 경쟁 구도를 형성했다. (https://en.wikipedia.org/wiki/Leo_Pasvolsky) 아이제이어 보먼은 미국 지리학을 대표하는 인물로서 특히 제1차 세계대전 직후 파리강화회의에 영토 획정 전문가로 참여했고, 외교협회의 창립 멤버다. 나치 독일의 지정학자 하우스호퍼Haushofer에 견주어 '미국의 하우스호퍼'라 불리기도 했다. 오랫동안 존스홉킨스대학 총장을 역임했다. "1940년 초 보먼은 독일의 영토적 생존권Lebesraum에 대한 답은 모두를 위한 경제적 생존권이라고 선언했다. 실제로 이 말은 미국 비즈니스계를 위한 글로벌 생존권을 의미하는 것이고, 이것이야말로 전쟁 기간 중 보먼이 달성하고자 했던 확고한 목표였다." Gearoid O. Tuathail, *Critical Geopolitics*, Minneapolis: University of Minnesota Press, 1996, p.156. 또 보먼과 패스볼스키는 서로를 극도로 불신하고 견제하는 관계였다. 이렇게 "보먼, 웰스 그리고 패스볼스키는 1942년 후반 자문위의 방향을 두고 권력 투쟁에 돌입"했다고 한다. (https://en.wikipedia.org/wiki/Leo_Pasvolsky)

4   다음 서평을 참조하라. 송병권, 「[서평] 미군정기 연구의 중간 결산과 새로운 출발-『해방 전후 미국의 대한정책-과도정부 구상과 중간파 정책을 중심으로』(정용욱, 서울대학교출판부, 2003)-」, 『역사와현실』 53, 2004, pp. 317-324.

5   정용욱(2003), p. 26.

6   정용욱(2003), p. 27.

7   정용욱(2003), p. 39-40.

8   정용욱(2003), p. 49.

9   정용욱(2003), p. 55.

10   정용욱(2003), p. 41-42.

11   정용욱(2003), p. 43.

1 http://db.history.go.kr/item/level.do?sort=levelId&dir=ASC&start=1&limit=20
&page=1&pre_page=1&setId=-1&prevPage=0&prevLimit=&itemId=ij&types
=&synonym=off&chinessChar=on&brokerPagingInfo=&levelId=ij_025_0020_0
0010_0050&position=-1

2 http://db.history.go.kr/item/level.do?sort=levelId&dir=ASC&start=1&limit=20
&page=1&pre_page=1&setId=-1&prevPage=0&prevLimit=&itemId=ij&types
=&synonym=off&chinessChar=on&brokerPagingInfo=&levelId=ij_025_0020_0
0030_0010&position=-1

3 http://db.history.go.kr/item/level.do?sort=levelId&dir=ASC&start=1&limit=20
&page=1&pre_page=1&setId=-1&prevPage=0&prevLimit=&itemId=ij&types
=&synonym=off&chinessChar=on&brokerPagingInfo=&levelId=ij_025_0020_0
0020_0010&position=-1

4 '인도 문제'에 대해서는 아래 4장 2절을 참조하라.

5 http://db.history.go.kr/item/level.do?sort=levelId&dir=ASC&start=1&limit=20
&page=1&pre_page=1&setId=-1&prevPage=0&prevLimit=&itemId=ij&types
=&synonym=off&chinessChar=on&brokerPagingInfo=&levelId=ij_025_0020_0
0020_0020&position=-1

6 http://db.history.go.kr/item/level.do?sort=levelId&dir=ASC&start=1&limit=20
&page=1&pre_page=1&setId=-1&prevPage=0&prevLimit=&itemId=ij&types
=&synonym=off&chinessChar=on&brokerPagingInfo=&levelId=ij_025_0020_0
0050&position=-1

7 http://db.history.go.kr/item/level.do?sort=levelId&dir=ASC&start=1&limit=20
&page=1&pre_page=1&setId=-1&prevPage=0&prevLimit=&itemId=ij&types
=&synonym=off&chinessChar=on&brokerPagingInfo=&levelId=ij_025_0020_0
0080_0020&position=-1

8   http://db.history.go.kr/item/level.do?sort=levelId&dir=ASC&start=1&limit=20
    &page=1&pre_page=1&setId=-1&prevPage=0&prevLimit=&itemId=ij&types
    =&synonym=off&chinessChar=on&brokerPagingInfo=&levelId=ij_025_0020_0
    0080_0030&position=-1

9   http://db.history.go.kr/item/level.do?sort=levelId&dir=ASC&start=1&limit=20
    &page=1&pre_page=1&setId=-1&prevPage=0&prevLimit=&itemId=ij&types
    =&synonym=off&chinessChar=on&brokerPagingInfo=&levelId=ij_025_0020_0
    0130&position=-1

10 http://db.history.go.kr/item/level.do?sort=levelId&dir=ASC&start=1&limit=2
    0&page=1&pre_page=1&setId=-1&prevPage=0&prevLimit=&itemId=ij&typ
    es=&synonym=off&chinessChar=on&brokerPagingInfo=&levelId=ij_025_0020
    _00090_0040&position=-1

11 http://db.history.go.kr/item/level.do?sort=levelId&dir=ASC&start=1&limit=2
    0&page=1&pre_page=1&setId=-1&prevPage=0&prevLimit=&itemId=ij&typ
    es=&synonym=off&chinessChar=on&brokerPagingInfo=&levelId=ij_025_0020
    _00110&position=-1

12 http://db.history.go.kr/item/level.do?sort=levelId&dir=ASC&start=1&limit=2
    0&page=1&pre_page=1&setId=-1&prevPage=0&prevLimit=&itemId=ij&typ
    es=&synonym=off&chinessChar=on&brokerPagingInfo=&levelId=ij_025_0020
    _00010_0070&position=-1

13 http://db.history.go.kr/item/level.do?sort=levelId&dir=ASC&start=1&limit=2
    0&page=1&pre_page=1&setId=-1&prevPage=0&prevLimit=&itemId=ij&typ
    es=&synonym=off&chinessChar=on&brokerPagingInfo=&levelId=ij_025_0030
    _00100_0010&position=-1

14 국민당 정부의 임정 정책에 대해서는 아울러 구대열, 「제2차 세계대전 중
    중국의 한국정책: 국민당 정권의 임정 정책을 중심으로」, 『한국정치학회
    보』 28(2), 1995; 김용신, 「장개석 국민정부의 미국 편승전략과 한국의 독

립문제 1942-1945」,『사회과학논집』, 제49집 1호, 2018년 봄호를 참조하라.

15 http://db.history.go.kr/item/level.do?levelId=ij_020_0020_00360

16 랭던 보고서에 대한 자세한 논의는 다음을 참조하라. 김지민, 「해방 전후 랭던의 한국 문제인식과 미국의 정부 수립정책」,『한국사연구』119, 2002, pp. 149-183. 이철순, 「해방 전후 미국의 대한정책對韓政策」,『현대사광장』, 2014년 제4호.

17 구대열, 「해방정국 열강들의 한반도 정책」,『현대사광장』, 2014년 제4호, p. 13.

18 http://db.history.go.kr/item/level.do?sort=levelId&dir=ASC&start=1&limit=20&page=1&pre_page=1&setId=-1&prevPage=0&prevLimit=&itemId=ij&types=&synonym=off&chinessChar=on&brokerPagingInfo=&levelId=ij_026_0010_00010&position=-1

19 http://db.history.go.kr/item/level.do?sort=levelId&dir=ASC&start=1&limit=20&page=1&pre_page=1&setId=-1&prevPage=0&prevLimit=&itemId=ij&types=&synonym=off&chinessChar=on&brokerPagingInfo=&levelId=ij_026_0010_00020&position=-1

20 http://db.history.go.kr/item/level.do?sort=levelId&dir=ASC&start=1&limit=20&page=1&pre_page=1&setId=-1&prevPage=0&prevLimit=&itemId=ij&types=&synonym=off&chinessChar=on&brokerPagingInfo=&levelId=ij_026_0010_00040&position=-1

21 http://db.history.go.kr/item/level.do?sort=levelId&dir=ASC&start=1&limit=20&page=1&pre_page=1&setId=-1&prevPage=0&prevLimit=&itemId=ij&types=&synonym=off&chinessChar=on&brokerPagingInfo=&levelId=ij_026_0010_00050&position=-1

22 http://db.history.go.kr/item/level.do?sort=levelId&dir=ASC&start=1&limit=20&page=1&pre_page=1&setId=-1&prevPage=0&prevLimit=&itemId=ij&types=&synonym=off&chinessChar=on&brokerPagingInfo=&levelId=ij_026_0010

_00070&position=-1

23　http://db.history.go.kr/item/level.do?sort=levelId&dir=ASC&start=1&limit=2
0&page=1&pre_page=1&setId=-1&prevPage=0&prevLimit=&itemId=ij&typ
es=&synonym=off&chinessChar=on&brokerPagingInfo=&levelId=ij_026_0010
_00080&position=-1

24　http://db.history.go.kr/item/level.do?sort=levelId&dir=ASC&start=1&limit=2
0&page=1&pre_page=1&setId=-1&prevPage=0&prevLimit=&itemId=ij&typ
es=&synonym=off&chinessChar=on&brokerPagingInfo=&levelId=ij_026_0010
_00080&position=-1

25　http://db.history.go.kr/item/level.do?sort=levelId&dir=ASC&start=1&limit=2
0&page=1&pre_page=1&setId=-1&prevPage=0&prevLimit=&itemId=ij&typ
es=&synonym=off&chinessChar=on&brokerPagingInfo=&levelId=ij_026_0010
_00120&position=-1

26　http://db.history.go.kr/item/level.do?sort=levelId&dir=ASC&start=1&limit=2
0&page=1&pre_page=1&setId=-1&prevPage=0&prevLimit=&itemId=ij&typ
es=&synonym=off&chinessChar=on&brokerPagingInfo=&levelId=ij_026_0010
_00160&position=-1

27　http://db.history.go.kr/item/level.do?sort=levelId&dir=ASC&start=1&limit=2
0&page=1&pre_page=1&setId=-1&prevPage=0&prevLimit=&itemId=ij&typ
es=&synonym=off&chinessChar=on&brokerPagingInfo=&levelId=ij_026_0010
_00260&position=-1

28　http://db.history.go.kr/item/level.do?sort=levelId&dir=ASC&start=1&limit=2
0&page=1&pre_page=1&setId=-1&prevPage=0&prevLimit=&itemId=ij&typ
es=&synonym=off&chinessChar=on&brokerPagingInfo=&levelId=ij_026_0010
_00280&position=-1

29　http://db.history.go.kr/item/level.do?sort=levelId&dir=ASC&start=1&limit=2
0&page=1&pre_page=1&setId=-1&prevPage=0&prevLimit=&itemId=ij&typ

es=&synonym=off&chinessChar=on&brokerPagingInfo=&levelId=ij_026_0010
_00350&position=-1

30 http://db.history.go.kr/item/level.do?sort=levelId&dir=ASC&start=1&limit=2
0&page=1&pre_page=1&setId=-1&prevPage=0&prevLimit=&itemId=ij&typ
es=&synonym=off&chinessChar=on&brokerPagingInfo=&levelId=ij_026_0010
_00370&position=-1

31 http://db.history.go.kr/item/level.do?sort=levelId&dir=ASC&start=1&limit=2
0&page=1&pre_page=1&setId=-1&prevPage=0&prevLimit=&itemId=ij&typ
es=&synonym=off&chinessChar=on&brokerPagingInfo=&levelId=ij_026_0010
_00450&position=-1

32 http://db.history.go.kr/item/level.do?sort=levelId&dir=ASC&start=1&limit=2
0&page=1&pre_page=1&setId=-1&prevPage=0&prevLimit=&itemId=ij&typ
es=&synonym=off&chinessChar=on&brokerPagingInfo=&levelId=ij_026_0010
_00490&position=-1

33 http://db.history.go.kr/item/level.do?sort=levelId&dir=ASC&start=1&limit=2
0&page=1&pre_page=1&setId=-1&prevPage=0&prevLimit=&itemId=ij&typ
es=&synonym=off&chinessChar=on&brokerPagingInfo=&levelId=ij_026_0010
_00530&position=-1

34 http://db.history.go.kr/item/level.do?sort=levelId&dir=ASC&start=1&limit=2
0&page=1&pre_page=1&setId=-1&prevPage=0&prevLimit=&itemId=ij&typ
es=&synonym=off&chinessChar=on&brokerPagingInfo=&levelId=ij_026_0010
_00550&position=-1

35 http://db.history.go.kr/item/level.do?sort=levelId&dir=ASC&start=1&limit=2
0&page=1&pre_page=1&setId=-1&prevPage=0&prevLimit=&itemId=ij&typ
es=&synonym=off&chinessChar=on&brokerPagingInfo=&levelId=ij_026_0010
_00550&position=-1

36 http://db.history.go.kr/item/level.do?sort=levelId&dir=ASC&start=1&limit=2

0&page=1&pre_page=1&setId=-1&prevPage=0&prevLimit=&itemId=ij&typ
es=&synonym=off&chinessChar=on&brokerPagingInfo=&levelId=ij_023_0050
_00190&position=-1

37 "미국과 영국이 임시정부를 대하는 태도에는 외견상 차이가 없어 보이지
만, 그 배경과 동기는 서로 달랐다. 영국의 경우에는 임시정부 승인이 자국
의 식민지인 인도나 미얀마에 미칠 파장과 영향을 고려했다면, 미국의 불
승인 정책의 이면에는 식민지 문제의 점진적 해결을 목표로 한 신탁통치
구상이 자리 잡고 있었다. 그러니까 영국은 전후에도 '대영제국'을 유지하
려고 했던 반면, 미국은 그 제국의 해체를 통하여 세계 질서를 재구축하려
고 했다는 점에서 볼 때 식민지 문제를 바라보는 양국의 입장에는 메울 수
없는 간극이 있었다." 고정휴, 「해제」, 『대한민국 임시정부 자료집 제24권:
대유럽외교 Ⅱ』, 국사편찬위원회, 2010. http://db.history.go.kr/item/level.
do?sort=levelId&dir=ASC&start=1&limit=20&page=1&pre_page=1&setId=-
1&prevPage=0&prevLimit=&itemId=ij&types=&synonym=off&chinessChar=
on&brokerPagingInfo=&levelId=ij_024_%241exp&position=-1

38 카이로 회담 당시 처칠의 식민주의적 욕망에 대해 장제스은 이렇게 말하
고 있다. "루스벨트는 한숨을 쉬면서 내게 말했다. '처칠이 나에게 큰 두통
을 안겨줍니다. 그는 중국이 강대국이 되기를 원하지 않습니다. 그[루스벨
트]는 영국 식민주의에 대한 강한 반대를 표명했다. 그는 서양과 동양의
사람들 사이의 미래 관계에 대해 걱정하는 것 같았다. 나는 그에게 미래에
대해 지나치게 비관하지 말라고 말했다. 나는 그에게 '시간은 항상 앞으로
나아가고 있으며 많은 것을 바꿀 것입니다. 오늘 해결할 수 없을 것 같은
문제들도 결국 어떤 종류의 해결책을 찾을 것입니다'라고 말했다."(장제스
일기, 1943년 11월 25일) 김용신, 「장제스 국민정부의 미국 편승전략과 한
국의 독립문제 1942-1945」, 『사회과학논집』, 제49집 1호, 2018년 봄호, pp.
46-47 재인용.

39 http://db.history.go.kr/item/level.do?sort=levelId&dir=ASC&start=1&limit=2

0&page=1&pre_page=1&setId=-1&prevPage=0&prevLimit=&itemId=ij&typ
es=&synonym=off&chinessChar=on&brokerPagingInfo=&levelId=ij_024_0020
_00010_0010&position=-1

40 http://db.history.go.kr/item/level.do?sort=levelId&dir=ASC&start=1&limit=2
0&page=1&pre_page=1&setId=-1&prevPage=0&prevLimit=&itemId=ij&typ
es=&synonym=off&chinessChar=on&brokerPagingInfo=&levelId=ij_024_0020
_00010_0060&position=-1

41 앞의 글.

42 http://db.history.go.kr/item/level.do?sort=levelId&dir=ASC&start=1&limit=2
0&page=1&pre_page=1&setId=-1&prevPage=0&prevLimit=&itemId=ij&typ
es=&synonym=off&chinessChar=on&brokerPagingInfo=&levelId=ij_024_0020
_00020_0040&position=-1

43 http://db.history.go.kr/item/level.do?sort=levelId&dir=ASC&start=1&limit=2
0&page=1&pre_page=1&setId=-1&prevPage=0&prevLimit=&itemId=ij&typ
es=&synonym=off&chinessChar=on&brokerPagingInfo=&levelId=ij_024_0020
_00020_0070&position=-1

44 http://db.history.go.kr/item/level.do?sort=levelId&dir=ASC&start=1&limit=2
0&page=1&pre_page=1&setId=-1&prevPage=0&prevLimit=&itemId=ij&typ
es=&synonym=off&chinessChar=on&brokerPagingInfo=&levelId=ij_024_0020
_00030_0040&position=-1

45 http://db.history.go.kr/item/level.do?sort=levelId&dir=ASC&start=1&limit=2
0&page=1&pre_page=1&setId=-1&prevPage=0&prevLimit=&itemId=ij&typ
es=&synonym=off&chinessChar=on&brokerPagingInfo=&levelId=ij_024_0020
_00040_0060&position=-1

46 http://db.history.go.kr/item/level.do?sort=levelId&dir=ASC&start=1&limit=2
0&page=1&pre_page=1&setId=-1&prevPage=0&prevLimit=&itemId=ij&typ
es=&synonym=off&chinessChar=on&brokerPagingInfo=&levelId=ij_024_0020

_00040_0110&position=-1

47 임정과 프랑스의 관계에 대해서는 다음을 참조하라. 한시준, 「대한민국 임
   시정부와 프랑스」, 『한국근현대사연구』 77, 6, 2016, pp. 128-152.

48 http://db.history.go.kr/item/level.do?sort=levelId&dir=ASC&start=1&limit=2
   0&page=1&pre_page=1&setId=-1&prevPage=0&prevLimit=&itemId=ij&typ
   es=&synonym=off&chinessChar=on&brokerPagingInfo=&levelId=ij_023_0050
   _00010&position=-1

49 http://db.history.go.kr/item/level.do?sort=levelId&dir=ASC&start=1&limit=2
   0&page=1&pre_page=1&setId=-1&prevPage=0&prevLimit=&itemId=ij&typ
   es=&synonym=off&chinessChar=on&brokerPagingInfo=&levelId=ij_023_0050
   _00030&position=-1

50 http://db.history.go.kr/item/level.do?sort=levelId&dir=ASC&start=1&limit=2
   0&page=1& pre_page=1&setId=-1&prevPage=0&prevLimit=&itemId=ij&ty
   pes=&synonym=off&chinessChar=on&brokerPagingInfo=&levelId=ij_023_005
   0_00070&position=-1

51 http://db.history.go.kr/item/level.do?sort=levelId&dir=ASC&start=1&limit=2
   0&page=1&pre_page=1&setId=-1&prevPage=0&prevLimit=&itemId=ij&typ
   es=&synonym=off&chinessChar=on&brokerPagingInfo=&levelId=ij_016_0020
   _00290&position=-1

52 http://db.history.go.kr/item/level.do?sort=levelId&dir=ASC&start=1&limit=2
   0&page=1&pre_page=1&setId=-1&prevPage=0&prevLimit=&itemId=ij&typ
   es=&synonym=off&chinessChar=on&brokerPagingInfo=&levelId=ij_023_0050
   _00090&position=-1

53 http://db.history.go.kr/item/level.do?sort=levelId&dir=ASC&start=1&limit=2
   0&page=1&pre_page=1&setId=-1&prevPage=0&prevLimit=&itemId=ij&typ
   es=&synonym=off&chinessChar=on&brokerPagingInfo=&levelId=ij_023_0050
   _00140&position=-1

54 http://db.history.go.kr/item/level.do?sort=levelId&dir=ASC&start=1&limit=2 0&page=1&pre_page=1&setId=-1&prevPage=0&prevLimit=&itemId=ij&typ es=&synonym=off&chinessChar=on&brokerPagingInfo=&levelId=ij_026_0010 _00550&position=-1

55 http://db.history.go.kr/item/level.do?sort=levelId&dir=ASC&start=1&limit=2 0&page=1&pre_page=1&setId=-1&prevPage=0&prevLimit=&itemId=ij&typ es=&synonym=off&chinessChar=on&brokerPagingInfo=&levelId=ij_023_0050 _00250&position=-1

56 http://db.history.go.kr/item/level.do?sort=levelId&dir=ASC&start=1&limit=2 0&page=1&pre_page=1&setId=-1&prevPage=0&prevLimit=&itemId=ij&typ es=&synonym=off&chinessChar=on&brokerPagingInfo=&levelId=ij_023_0050 _00180&position=-1

57 국가안전인민위원부, 「중국내 조선 민족주의 단체들에 대한 보고」, ЦАФС Б, "Справка о корейских националистических организациях в Китае о т 17 января 1945 г.,". 이 미간행 문건과 초벌 번역문은 기광서로부터 입 수한 것이다. 이 자리를 빌려 다시금 고마움을 표하고자 한다.

58 국가안전인민위원부(1945).

59 국가안전인민위원부(1945).

60 국가안전인민위원부(1945).

61 국가안전인민위원부(1945).

62 김충석, 「소련 극동군 제88여단의 조선인 공산주의자들: 북한 정치에서 제 88여단파의 기원과 형성」, 『역사연구』 제30호, 2016, p. 29.

63 김충석(2016), pp. 39-40.

64 기광서, 「1940년 전반 소련군 88독립보병여단 내 김일성 그룹의 동향」, 『역사와 현실』 제28권, 1998, p. 291.

65 기광서, 「해방 전 소련의 대한반도 정책 구상과 조선 정치 세력에 대한 입 장」, 『슬라브연구』 제30권 4호 2014년, p. 8.

임정, 거절당한 정부

66 기광서(2014), p. 16.

5장 임정 승인, 국제법 대 국제정치

1 임정의 군사 노선에 대해서는 다음을 참고. 김희곤, 『대한민국 임시정부연구』, 지식산업사, 2004, p. 159.

2 Alexander Koberg, Die Exilregierung im Völkerrecht, Frankfurt a/M: Peter Lang, 2005, p. 39.

3 Karl-Heinz Mattern, Die Exilregierung, Tübingern: J.C.B. Mohr, 1953, p. 60.

4 국제법상 승인 문제에 대한 '고전적인' 접근으로는 다음을 보라. H. Lauterpacht, Recognition in International Law, AMS Press: New York, 1947.

5 Lauterpacht(1947), p. 26, p. 340.

6 Stefan Talmon, Recognition of Governments in Exile in International Law, Oxford Uni. Press: New York, 2004, p. 81, 91.

7 Talmon(2004), p. 86.

8 Koberg(2005), p, 40.

9 https://blog.naver.com/qnwkkr/120064777329

10 https://blog.naver.com/qnwkkr/120064777329

11 정용석(2003), p. 85.

12 1944년 후반부터 기획되기 시작한 한반도 침투 작전으로는 전략첩보국 OSS 워싱턴 본부가 기획한 냅코NAPKO 작전, 독수리 작전 그리고 북중국 작전 등이 있는데 모두 실행에 옮기진 못했다. 특히 두 번째 독수리 작전 에는 광복군 제2, 3지대에서 인원을 선발했는데, 그중 장준하, 김준엽 등이 여기에 속했다.

13 Koberg(2005), p. 320.

14 '하나의 전투 단위'라는 말은 드골의 자유프랑스와 미국 간의 관계에서 유

래된 것으로 보인다. 미국은 1941년 11월 11일 국방 업무상 수요에 따라 자유프랑스에 대한 지원을 발표했는데, 이는 하나의 주권국 정부로서가 아닌 '하나의 군사 단위'로서 한정한 것이었다. 소지량, 고범부, 「제2차 세계대전 기간, 대한민국 임시정부와 프랑스 임시정부의 외교활동 비교」, 상해대한민국 임시정부 옛 청사 관리처(편), 『중국항일전쟁과 한국 독립운동』, 시대의창, 2005, p. 240.

15 김희곤(2004), pp. 179 이하.

16 김희곤(2004), p. 184.

17 김희곤(2004), p. 185.

18 김희곤(2004), p. 186.

19 William R. Nester, *Power across the Pacific. A Diplomatic History of American Relations with Japan*, Palgrave Macmillan: London, 1996, p. 224.

20 Talmon(2004), p. 144.

21 국제연합국제기구회의UNCIO에 대한 개관은 아래를 참조. https:// en.wikipedia.org/wiki/United_Nations_Conference_on_International_ Organization

22 당시 『뉴욕 헤럴드 트리뷴』지의 동경 특파원을 역임한 윌프레드 플라이셔가 작성한 이 기사의 게재지는 확인하기 어렵다. https://search.archives. un.org/uploads/r/united-nations-archives/e/5/e/e5ef12d0f4ea2a196be737829 969e38749dc690d11b3a70b40c748aa5df85cf3/S-0981-0001-02-00001.pdf

23 Talmon(2004), p. 185.

24 Talmon(2004), p. 77.

25 김학은, 「李承晩과 체코의 마사리크」, 『월간조선』, 2013년 11월호. https:// monthly.chosun.com/client/news/viw.asp?nNewsNumb=201311100038.

26 소지량, 고범부(2005), p. 244.

27 1948년 5월 26일 미 국무부 장관대행 로벳Lovett은 트루먼 대통령에게 비망록을 제출했다. "법적 승인과 관련된 미합중국의 과거 정책은 어떤 일관

된 선례를 제공해주지 못했다." Talmon(2004), p. 90.

맺는말

1 유엔총회결의안 1514호, 「식민지 나라와 인민들에게 대한 독립 부여 선언 Declaration on the granting of independence to colonial countries and peoples」, 1960년 12월 14일. https://documents-dds-ny.un.org/doc/RESOLUTION/GEN/NR0/152/88/IMG/NR015288.pdf?OpenElement

2 Talmon(1999), 앞의 글.

3 유엔총회결의안 1573호, 「알제리 문제Question of Algeria」, 1960년 12월 19일. "알제리 인민의 자결과 독립의 권리를 인정한다." https://documents-dds-ny.un.org/doc/RESOLUTION/GEN/NR0/153/47/IMG/NR015347.pdf?OpenElement

4 유엔총회결의안 제 2621호, 「식민지 독립부여 선언의 완전한 이행을 위한 행동계획Programme of action for the full implementation of the Declaration on the Grantion of Independence to Colonial Countries and Peoples」, 70년 10월 12일. https://documents-dds-ny.un.org/doc/RESOLUTION/GEN/NR0/348/86/IMG/NR034886.pdf?OpenElement

5 "제7조. 위 침략에 대한 정의 중 그 어느 것도 어떤 방식으로든 유엔 헌장에서 비롯된 것처럼 그 권리를 폭력에 의해 박탈당한 인민들의 자결, 자유 그리고 독립의 권리를 침해할 수 없다." 유엔총회결의안 3314호, 「침략의 정의Definition of Agression」, 1974년 12월 14일. https://en.wikisource.org/wiki/United_Nations_General_Assembly_Resolution_3314

6 인민자결권이 이른바 '국가성statehood'에 대한 전통적 국제법 해석에 미친 영향은 매우 엄중한 것이다. '국가의 권리와 의무에 대한 몬테비데오의정서 Montevideo Convention'(1933년 12월 26일)에 따르면 국가성의 기준은 인구,

영토, 정부, 외교관계 창설 능력 네 가지이며 이 모두는 실효성effectiveness에 기반해야 한다. 하지만 자결권으로 인해 '특정한 탈식민주의적 맥락'이 여기에 포함된다. "자결권은 국가성의 맥락에 중대한 영향을 미쳤다. 인민자결권이 인정되는 경우, 특히 탈식민화라는 맥락에서, 국가성을 주장하는 어떤 단위에게 국가성의 고전적 기준을 충족시키기 위해 요구되는 요건의 범위가 완화된다. 자결권은 또한 국가 창설의 선행 요건으로 간주된다. 게다가 특정 상황에서 자결권은 '구제적 분리독립remedial secession'의 권리를 발생시킨다고 주장되기도 한다." 예컨대 특정국 영역 내에 거주 중인 소수집단의 자결권이 지속적으로 부인되거나 심각한 인권 침해가 더 이상 자체적으로 해결 불가능한 그런 경우를 말한다. 또 국제법상의 절대적인 규범을 부인하는 국가는 승인이 거부되어야 한다고도 주장된다. 그래서 "몬테비데오 의정서의 고전적 기준이 여전히 국가성을 평가하는 주요한 요건을 구성하지만, 더 이상 이 기준의 완전한 충족만이 국가성의 배타적 척도인 것은 아니다." Tamar Megiddo and Zohar Nevo, *Revisiting lessons on the new law of statehood: Palestinian independence in a post-Kosovo world*, in French, Duncan (ed.)(2013), *Statehood and Self-Determination: Reconciling Tradition and Modernity in International Law*, Cambridge: Cambridge Uni. Press, 2013, pp. 190-192.

7   제성호, 「상해임시정부의 국제법적 지위」, 『중앙법학』 제14집 1호, 2012년 3월.

고정휴, 「해제」, 『대한민국 임시정부 자료집 제24권: 대유럽외교 II 』, 2010.
　　　http://db.history.go.kr/item/level.do?sort=levelId&dir=ASC&start=1&li
　　　mit=20&page=1&pre_page=1&setId=-1&prevPage=0&prevLimit=&item
　　　Id=ij&types=&synonym=off&chinessChar=on&brokerPagingInfo=&levelI
　　　d=ij_024_%241exp&position=-1

　　──, 「충칭시기 대한민국 임시정부의 승인외교 실패원인에 대한 검토」, 『한
　　　국 독립운동사연구』 33, 2009, pp. 5-32.

구대열, 「해방정국 열강들의 한반도 정책」, 『현대사광장』, 2014년 제4호.

국사편찬위원회, 『대한민국 임시정부 자료집』, 2005-2011. 한국사데이터베이스
　　　http://db.history.go.kr/item/level.do?itemId=ij

기광서, 「해방 전 소련의 대한반도 정책 구상과 조선 정치 세력에 대한 입장」,
　　　『슬라브연구』 제30권 4호, 2014.

　　──, 「1940년 전반 소련군 88독립보병여단 내 김일성 그룹의 동향」, 『역사
　　　와 현실』 제28권, 1998.

김명기, 유하영, "대한민국 임시정부의 정통성에 관한 연구", 『국제법학회논총』,
　　　제38권 제1호, 1993.

김용신, 「장제스 국민정부의 미국 편승전략과 한국의 독립문제 1942-1945」, 『사회과학논집』 제49집 1호, 2018년 봄호.

김지민, 「해방 전후 랭던의 한국 문제인식과 미국의 정부 수립정책」, 『한국사연구』 119, 2002, pp. 149-183.

김충석, 「소련 극동군 제88여단의 조선인 공산주의자들: 북한 정치에서 제88여단파의 기원과 형성」, 『역사연구』 제30호, 2016, pp. 7-60.

김학은, 「李承晩과 체코의 마사리크」, 『월간조선』 2013년 11월호. https://monthly.chosun.com/client/news/viw.asp?nNewsNumb=201311100038

김희곤, 『대한민국 임시정부연구』, 지식산업사, 2004.

박은식, 『한국 독립운동지혈사』, 소명출판, 2008.

소지량, 고범부, 「제2차 세계대전 기간, 대한민국 임시정부와 프랑스 임시정부의 외교활동 비교」, 상해대한민국 임시정부 옛 청사 관리처(편), 『중국 항일전쟁과 한국 독립운동』, 시대의 창, 2005.

송병권, 「[서평] 미군정기 연구의 중간 결산과 새로운 출발-『해방 전 후 미국의 대한정책-과도정부 구상과 중간파 정책을 중심으로』(정용욱, 서울대학교출판부, 2003)-」, 『역사와현실』 53, 2004, pp. 317-324.

여운홍, 『몽양 여운형』, 청하각, 1967.

이성덕, 「국제법상 자결권의 개념과 그 형성과정」, 『국제법학회논총』, 제48권 제1호, 2003.

이용중, 「대한민국 임시정부의 지위와 대일항전에 대한 국제법적고찰」, 『국제법학회논총』, 제54권 제1호 2009.

이철순, 「해방 전후 미국의 대한정책對韓政策」, 『현대사광장』, 2014년 제4호.

정용대, 『대한민국 임시정부의 외교활동』, 국가보훈처, 1993.

정용욱 외, 『해방전후사 사료연구 2』, 선인, 2002.

정용욱, 『해방전후 미국의 대한 정책』, 서울대학교출판부, 2003.

———, 「정용욱의 편지로 읽는 현대사」, 『한겨레신문』, 2019년 1월 20일자. http://www.hani.co.kr/arti/culture/religion/879044.html#csidx43241c96

944244db1a619cd31d1134c

제성호, 「상해임시정부의 국제법적 지위」, 『중앙법학』 제14집 1호, 2012.

한시준, 「대한민국 임시정부와 프랑스」, 『한국근현대사연구』 77, 2016.

한인섭, 「대한민국은 민주공화제로 함: 대한민국 임시헌장(1919.4.11) 제정의
역사적 의의」, 『서울대학교 法學』 제50권 제3호 2009.

French, Duncan (ed.), *Statehood and Self-Determination: Reconciling Tradition and
Modernity in International Law*, (Cambridge: Cambridge Uni. Press, 2013)

Gearoid O. Tuathail, *Critical Geopolitics*, (Minneapolis: University of Minnesota Press,
1996)

Koberg, Alexander, *Die Exilregierung im Völkerrecht*, (Frankfurt a/M: Peter Lang, 2005)

Lauterpacht, H., *Recognition in International Law*, (AMS Press: New York, 1947)

Maguire, G.E., *Anglo-American Policy towards the Free French*, (Macmillan: London, 1995)

Mattern, Karl-Heinz, *Die Exilregierung. Eine historische Betrachtung der internationalen
Praxis seit dem Beginne des Ersten Weltkrieges und deren völkerrechtliche Wertung*,
(Tübingern: J.C.B. Mohr, 1953)

Megiddo, Tamar/Nevo, Zohar, *Revisiting lessons on the new law of statehood: Palestinian
independence in a post-Kosovo world*, in French, Duncan (ed.)(2013), *Statehood
and Self-Determination: Reconciling Tradition and Modernity in International Law*,
(Cambridge: Cambridge Uni. Press, 2013)

Nester, William R., *Power across the Pacific. A Diplomatic History of American Relations
with Japan*, (Palgrave Macmillan: London, 1996)

Shain, Y./ Linz, Juan J., *Between States: Interim Governments in Democratic Transitions*,
(Cambridge University Press, 1995)

Talmon, Stefan, *Recognition of Goverments in Exile in International Law*, (Oxford Uni.
Press: New York, 2004)

Talmon, Stefan, 'Who is a legitimate government in exile? Towards normative criteria

for governmental legitimacy in international law', in Guy Goodwin-Gill/
Stefan Talmon (eds.), *The Reality of International Law: Essays in Honour of Ian
Brownlie* (Oxford University Press, 1999)

Yapou, Eliezer, Governments in Exile, 1939-1945, August 1998. William R. Nester,
Power across the Pacific: A Diplomatic History of American Relations with Japan,
(Palgrave Macmillan: London, 1996)

Y. Shain and Juan J. Linz, *Between States: Interim Governments in Democratic Transitions*,
(Cambridge University Press, 1995)

임정, 거절당한 정부

인명 외

임정, 거절당한 정부

임정, 거절당한 정부

ⓒ 이해영

1판 1쇄	2019년 4월 5일
1판 2쇄	2019년 5월 29일

지은이	이해영
기획	3.1운동 100주년 서울시기념사업
펴낸이	강성민
편집장	이은혜
마케팅	정민호 정현민 김도윤
홍보	김희숙 김상만 이천희
독자 모니터링	황치영

펴낸곳	㈜글항아리	출판등록 2009년 1월 19일 제406-2009-000002호

주소	10881 경기도 파주시 회동길 210
전자우편	bookpot@hanmail.net
전화번호	031-955-8891(마케팅) 031-955-1936(편집부)
팩스	031-955-2557

ISBN	978-89-6735-610-1 03340

이 도서의 국립중앙도서관 출판시도서목록(CIP)은 e-CIP 홈페이지(http://www.nl.go.kr/ecip)에서
이용하실 수 있습니다.(CIP제어번호:CIP2019010210)